天国就在现在

在基督的身体里追求合一
改变世界

沈棣 译

帕特·杰·西科拉

大橡树事工

德克萨斯州 . 糖城

帕特·杰·西科拉 — 大橡樹事工

国度就在现在
在基督的身体里追求合一改变世界
版權所有 © 1985，2020 帕特·杰·西科拉

ISBN-13：978-1-947877-02-3 平裝本
ISBN-13：978-1-947877-03-0 電子書

国会图书馆控制号：

大橡树事工
德克萨斯州糖城

译者：沈棣
校对：张丽杰

封面和室内设计：Jose Pepito，Jr. 小 何塞·佩皮托
内页排版：中文及封面封底/感谢页翻译：活泉电脑网路公司 冯春梅 Grace Feng，Grace Computer & Internet Corp.

在美国印刷

获取更多资源和免费下载以帮助您的小组，请访问：

网站：www.PatSikora.com
脸书：facebook.com/mightyoakministries
电子邮件：pats@mightyoakministries.com
油管YouTube：Pat Sikora

致 谢

衷心感谢那些帮助我出版这本书的英文版和中文版的人。

出版中文版是敖李新雨的主意，她帮我联系了可以帮助我的人，包括福遍社区教会的陈祖幸牧师和活泉电脑网路公司的冯春梅。他们尽心尽力、不厌其烦地帮助解决在美国翻译和出版中文书籍的所有细节。感谢美国福音证主协会的陈莲香，她帮助我们了解在美国出版和销售中文书籍。特别感谢沈棣作为志愿者翻译了整本书。

并
一对希望保持匿名的特别夫妇，他们为这个项目提供了资金。

还有
也感谢 Emily Quan、Ann Lo 和 Jenny Weng，他们帮助我了解了在美国的华人市场并提供了分销思路。

继续感谢那些帮助提供英文版的人，
没有英文版就没有中文版。
Gabriela Banks, Laurie Kehler, Stephanie Shoquist
Alyce-Kay Ruckelshaus, Sheridan Jones,
Bob Sikora, Joshua Sikora

我们中文版的目标是将其赠送给中国的家庭教会和服务于全球华人社区的宣教士。您的购买有助于我们实现这一目标。如果您知道如何将这本书带到世界各地，知道可以从这本书中受益的宣教士，或者只是想为该项目做出贡献，请告诉我们。
谢谢！

帕特·杰·西科拉 Pat Sikora, 2021年九月
电子邮件 pats@mightyoakministries

目 录

绪 论

背后诽谤⋯内部倾轧⋯冷漠无情⋯教义之争⋯罪恶之举⋯角逐竞争⋯不肯饶恕之心⋯ 痛心的是，这些特征出现在当今教会许多基督徒的身上。也不仅仅是在当今，使徒保罗在将近二千年前写信给哥林多、以弗所、加拉太、腓立比和其他地方的教会时，也谈到同样的问题。我们知道我们是因为蒙召进而与这个世界不同，为什么呢？又如何做得到呢？

合而为一（合一）是基督为那些愿跟随祂的人所定的目标，他们愿在地上拓展祂的国度，祂予以他们合而为一的样式，那至高至善的样式——这是在祂和天父的关系里所赋有的。"我在他们里面，你在我里面，"祂向祂的天父祈祷（约翰福音17:23）。我们对合而为一是有所了解的，我们知道圣父、圣子、圣灵，三位一体，实际上是一个神的三个位格。祂们（三个位格）以某种方式结合在一起，成为实体（存在体），我们称之为上帝。假如没有祂们其中的一位，上帝将不成为上帝。尽管祂们（各自）有不同的功能和目的，但在任何时候祂们是完完全全地成为一体的。这是个奥秘，我们虽然知道但我们却永远无法全然明了，但我们相信它——并且竭尽全力地去理解它。

合一（合而为一）要如何应用在我们身上，也许这是个更大的奥秘。耶稣在被钉十字架之前，在门徒一起度过的最后一个夜晚，耶稣想要让他们和那些跟随祂的人了解祂的意图，耶稣向天父祷告说，"我在他们里面，你在我里面，使他们完完全全地合而为一"（约翰福音17: 23）。我们跟随祂，与祂共享合一，不但是与上帝共享合一，我们也要彼此之间共享合一。耶稣与天父之间共享的合一，就是我们彼此共享的合一，我们作为耶稣基督的教会，乃是被呼召要如此行的！

很多时候我们会认为，耶稣要我们力求合一，其目的是要我们的教会更加和睦，或彼此之间相处得更好。当然，合一确实令人愉快，但耶稣清楚地为合一勾勒出一个不同的、而且更加重要的目标，于是祂继续祷告说"…叫*世人*知道你差了我来，也知道你爱他们如同爱我一样"（约翰福音 17：23，此处强调 '*世人*' 一词）。

我们合一的更大目的，是透过耶稣基督向那些不认识祂的人传递上帝的爱。耶稣不是在谈论我们教会的街头见证或者访客的跟进计划，祂甚至连宣教的话题也没说。虽然这些计划很有效，但耶稣却告诉我们说在祂的国度里建立教会的根基不是我们的*计划*，而是我们*彼此在一起时的品格*。

在约翰福音13:35，耶稣说，"你们若有彼此相爱的心，众人因此就认出你们是我的门徒了。" 请注意在约翰福音17:23，祂进一步明确了祂的信息，并告诉我们说，世人是因着我们彼此的合一才认识祂的。

保罗在哥林多后书5:20a中进一步定义我们的这个角色，他提醒我们，"我们做基督的使者，就好像神借我们劝你们一般。"

使者！我们是有公务在身的，要向世人传递耶稣基督的品格、旨意和国度。多么了不起的职责！然而祂没有其他人，如果我们教会里的人不去做，就没人会去做了。

然而我们必须得承认，即使在今天的教会里，合一没有成为我们应该遵循的规则，反而成了规则中的例外。我们常常不像我们应该做的那样彼此相待，而且令人遗憾的是我们往往和世上其他人没有什么分别。 但我们是可以做得到的！

对我们来说，新约充满了我们需要的答案。差不多有上百次我们被告知该如何彼此相待。有积极的命令告诉我们应该做什么，也有消极的命令告诉我们应该避免什么。总而言之，所有这些都是在为合一构建准则，教我们如何成为一体，使*世人*知道父差遣子，要在祂的国度里将永生赐给每个人。

这个课业只涉及到其中十个"彼此"的命令。在接下来的几个星期里，当你学习这些"彼此"的章节时，我祈祷你们能真正开始彼此合而为一。

> "我们所有的宗教信仰终将成为我们人生的传记。我们被称为基督徒，我们的生命不断接受挑战，就是要把我们所相信的一切真实地转化为我们的日常生活方式。"
>
> 蒂姆·汉塞尔[1]

---

[1]蒂姆·汉塞尔，*奋身而舞*(伊利诺伊州埃尔金：DC.库克出版公司，1985年)，41。

在你开始前

我知道你很想一头扎进去，但在你这么做之前，我可以为你提供一些建议吗？使课业不仅更有意义，而且更能改变生命。说实话，也许你不需要多做一件事。你选择本课是有原因的，我相信你和我一样，是因为厌倦了老调重弹。你想看到你的教会被改变，你想看到你自己的生命被改变，并且我想，你和我一样，现在就想看到天国！

我带领查经和撰写课本已经超过四十年了，在这些时间里，什么方法是有效的，什么方法是无效的，我是有所了解的。故此，愚谨向你提些建议。

不要独自而行

你想独自一人安安静静地做这个功课吗？请不要这样。毕竟，这涉及的是和别人之间的事情。请你考虑至少和另外一个人一起做吧，某个你想和他一起成长的人，就是你们愿意彼此负责的人。或者更好的话，可考虑一个由六到八名成员组成的小组，一起成长。你会发现，当每个人都把自己的见解和经验公开摆到桌面上时，你们都将会成长。

你需要一个推动者而不是需要一个教师

如今很多学习都需要一个导师，有了资格证书或技能才能够进行教学。我的理念是，大多数基督徒都能够推动圣经学习，即使他们不会（或者认为他们不会）搞教学。此学习本身为你提供你所需要的一切，使你们在一起的时间有意义，并能带来生命的改变。我的博客会为你提供更多的信息内容，而且我相信你们作为一个团队，会因着携手合作而成长。[2]

考虑固定的小组

如今许多圣经学习为了迎合我们没有委身的生活方式，鼓励人们在任何他们方便的时候随时加入，而没有委身。他们邀请新来的人可以随时中途加入。这项对寻求者灵活而且价值低廉的运动至少已经流行了二十年，然而这场运动的创建者们有一项评估，其结果

---

[2] 如果你是一个没有经验的领袖，你可能会喜欢我的第一本书，帕特·J·西科拉，*小型查经班：如何带领他们*（俄亥俄州辛辛那提：标准出版社，1991年）。这本书已绝版，但经常可以购买到二手货旧书。对于推动者，你可能也喜欢帕特·J·西科拉，*你为什么不提醒我？如何应对具有挑战性的小组成员*（俄亥俄州辛辛那提：标准出版，2007年）。这本书可在以下的网址找到：http://pursuingsplendor.com/shop/ 。看看我的博客：www.PursuingSplendor.com/blog，在这里我将继续思考这些真理。

却非常令人失望。虽然数量上得到指数型的增长，但参加者却没有办法进入成熟期。芝加哥柳树溪社区教会的比尔·海波斯是该运动的创始人，他说，

> 我们犯了个错误，当人们跨入信仰的行列成为基督徒时，我们应该做的是什么？我们应该开始告诉并教导人们，他们必须担负起责任，成为"自食其力者"。我们应该抓住他们并教会他们如何在服侍之余阅读圣经，以及自己如何更加积极地灵修。[3]

以我的经验，在基督徒的成长过程中，其最大的帮助来自于小组，小组只限于固定的少数人，甘于委身，且都是是信仰者，愿意投入时间、精力和祈祷，不仅是为了自己的成长，也为了彼此的成长。这项学习是专门为此目的而设计的。比起其它大多数的学习，在时间上要长一些，而且需要参与者以家庭作业的形式付出一点时间。最重要的是，在内容和个人应用两方面，每节课都为下一课奠定了基础。拥有一个固定的小组，彼此承诺来完成全程，这将带来最好最多的成长。如果你不必一次又一次重复地用讲故事来吸引新成员或访客，那么你的分享将会更深刻更有意义。我知道这听起来很刺耳，但还是请相信我。当我们互相同工，学习一开始就进到我们的生命里时，那么让大家跟上节奏会是一个挑战。让我们看一看，然后决定什么是对你的小组最为有效的。

做好功课

很显然，既然这项学习是为学员们自我培养而设计的，而不是仅仅再多听一篇讲道，那就需要付出一些努力。面对这些资料，我们要小组成员打开他们的圣经也敞开他们的心，全力面对如何应用这些问题在生命里，先是自己的，然后是小组其他人的。

考虑到这些问题的性质，如果你每天做一点，你会从这项学习中受益匪浅。大多数课时有10到20个问题，平均需要两个小时才能完成。对于想要缓慢推进并有足够时间进行讨论的小组，每节课都可以分成两半，可以学习整个学年。所以你可以在一星期内或两星期内完成一节课，这取决于你所在的小组。

如果你打算在小组里学习，那么在参加小组后的第一天，把下星期的全部课程读一遍。这样可将问题植入你的脑海，好让你整个星期都能为此思考和祈祷。然后每天花点时间在这些问题上面，而不是等到你们下次聚会的前一夜才来思考。这将为你带来至少三个好处。

---

[3] 埃里克·巴格，"寻求灵捷式教会模型'产生数字而不是门徒'柳溪牧师说，"埃里克·巴格的*表明立场* https://www.ericbarger.com/seeker.1.htm（访问日期：2020 07 03）。更多信息，请看格雷格 L. 霍金斯、凯莉·帕金森，*告诉我你在哪里*，第1版（柳溪协会，2007年）。

首先，也是最重要的，这会在你的生活里建立起持续地每天学习圣经的习惯。每天化一小段时间读圣经比一星期一次的冗长的一堂课更有利于你的成长和你与上帝的关系。

第二，这会让你有时间学习背诵经文，把学习的主题通过上帝的话语铭记在你的心里和头脑里。

最后，这将让你有充足的时间来考虑和应用这些问题在你的生命里。这个学习的重点是应用，这是一件严肃的事情，其目标是要看到你的生命因着耶稣基督而改变。

使用圣经译本和先做你自己的功课

为了从学习中获得最大收益，我鼓励你使用圣经的直译本（如：*新国际版、钦定版、英文标准版、或新生命译本*），而不是释义本（*信息本、或激情翻译本*）。通常用几个译本来阅读经文可以帮助你更好地理解。使用并排有几个译本的平行圣经，这是一个简单的方法。

此外，我鼓励你在自己彻底完成每一章之前避免使用评注。求圣灵指示你祂要你学什么。不过，因为从许多属灵的伟人那里我们也可以得到很多智慧，在你完成个人学习之后，可能需要评注和专题书来扩展你的理解。

> "做上帝的儿女，本来就是郑重其事的事情。这不是一个人在空闲时间里所作的业余爱好。耶和华要求他的子民不折不扣地全然奉献并且忠贞不渝。"
>
> 威廉·C·马丁[4]

---

[4] 威廉·C·马丁，*他们是上帝的子民：圣经历史：以色列的故事和早期基督教，根据圣经、古代历史和宗教文献、以及考古学的发现*（纳什维尔：西南公司，1966年），93。

一切关乎于天国

第1课

> *"我在他们里面，你在我里面，使他们完完全全地合而为一，叫世人知道你差了我来，也知道你爱他们如同爱我一样。"*
>
> 约翰福音 17：23

我想知道你为什么要选择本课的圣经学习？它激起了你的学习兴趣吗？也许你有一颗传福音的心，希望为基督去接触新朋友。也许你想知道，如何通过学习有关"彼此"的经文来说服世人，使他们能够相信，天父遣圣子来并且爱他们每一个人。

或许你在想方设法让当地的教会事工更加有果效，也许在这种高度紧张的政治气氛里，这也不失为鼓励人们"和睦相处"的方法。

这些都是很好的动机！让我激动不已。但我希望向你们展示一个更重要的目标，一个更遍及各方面的的异象。我想改变你的样式，我想要鼓励你们飞得更高，高过于所有的政见和规条，看到耶稣来到世上的时候心里有什么样想法。如果你能获得这样的视角，我可以向你保证，你将永远不会是原来的你，你的教会也将不再一样。

好了，请做好准备，让我们踏上一段进入上帝内心的旅程。

入门

1. 促使你开始上这门课是出于什么念头？是个人兴趣、教会兴趣，还是别的什么？

一切关乎于天国

如果你在基督教会已待过一天以上，你可能知道约翰福音3:16：*"神爱世人，甚至将祂的独生子赐给他们，叫一切信祂的不致灭亡，反得永生。"* 我们大多数人都知道耶稣来到世上是为了寻找和拯救罪人。我们很高兴祂做到了！但你有没有问过你自己为什么？耶稣为什么这么在乎拯救罪人？祂为什么要为我们这些凡夫俗子付出这样的代价？为什么祂甘愿离开祂在天堂的美好家园，来到肮脏不堪的星球，难道只是为了受虐待、被憎恨、遭杀害吗？

我想我要问的问题是，"祂有更大的目的吗？祂有其他的宏图大志吗？" 这个问题的答案是，"的确如此，一切关乎于天国。"

这样的回应，可能会让你仔细想想。天国？对于我们这些生活在议员制或民主政府下的人来说，其实很难理解天国的概念。令我们困惑的是，一个国王怎么能够拥有绝对的权力，而人民却很少或根本没有发言权呢。对这种想法我们常常感到恼火，要回到原先我们自己的"一人一票"的模式。但如果我们想了解我们将要在这本书里所做的事情，"一人一票"这个模式对我们并不适合。

但如果我可以劝说你的话，那么请你从你的舒适区里向外窥视一下，我们将看到更大的画面。让我们回顾创世记第一章，我们看到在起初，在祂造物以先，创造万物的上帝实际上有三个位格——圣父、圣子、圣灵。确切地说，祂本来就是天国的上帝，祂不需要其他任何东西。但因着祂的大爱，祂创造了宇宙、世界、和万物。在歌罗西书1:16-17，我们学到 *"…因为万有都是靠祂造的，无论是天上的、地上的，能看见的、不能看见的，或是有位的、主治的、执政的、掌权的，一概都是借着祂造的，又是为祂造的。祂在万有之先，万有也靠祂而立。"*

我们知道这个故事。创造、人、撒旦、罪、律法、罪、逐出、罪…并不美好。人类，乃上帝的上乘之作，似乎要毁灭一切，上帝的子民拒绝顺服，他们拒绝听从。他们拒绝做上帝的子民，不管如何争取和鼓励他们。人类被撒旦这黑暗王国里的王子出卖并虏获，在罪的黑暗里，几千年过去了，仍无一丝希望。

但那时到了指定的日期，上帝差遣耶稣来到世上（见加拉太书4:4）。耶稣是神格的第二位格。万有的造物主，万物靠祂而立，耶稣跨出永恒，进入被造的世界。如今我们已懂得，祂如此行乃是为了救赎祂的造物。果然祂做到了。

阅读马太福音4:23

1. 耶稣在世上时做了什么？

阅读歌罗西书1:13-14

2a. 当耶稣死在十字架上时，他完成了什么？

b. 这两段经节之间的主线是什么？

我们常常读马太福音4:23，提到"教训，传（福音），…和医治"，几乎忽略句子的中间部分。我们读歌罗西书1:13-14，当作是祂为我个人所作的表述。我们通常着重于那句话的最后一部分，而略过第一部分。但事情是这样的，当耶稣开始传道的时间到了，祂把时间用于教训人，*传天国的福音*，并藉着医治百姓中各样的疾患和病痛，来彰显天国。在祂最后的得胜里，祂把我们从黑暗的辖制中解救出来，*领我们进入祂爱子的国度*，救我们脱离罪的权势。

是的，耶稣亲自为我们每个人行了所有这些奇妙大事，是非同小可的壮举。但是，如果这里面含有极其重要的概念，会怎么样呢？

这是本课的前提。当耶稣来到世上，不仅仅是为了让我们变得更好，也不仅仅是为了教导我们，甚至医治或救赎我们。*耶稣来是要向黑暗之国宣战，黑暗之国把祂的子民囚禁了数千年，而耶稣来是要带领他们回到上帝的国度。*祂来是要在地上建立天国，天国在天上亘古不灭。虽然我们称祂的到来为道成肉身，可其实并不明白这意味着什么。不妨这样想吧：当耶稣成为人，祂实际上是天国的化身，并将之建立在地上，祂把天国带到地上人间。

耶稣在世上的时候，祂所说的，所行的，所触摸的，般般件件在推进天国。祂是*天国的承运者*。祂在教导时，祂传授的是关于天国的事（祂关于天国的教导，比其他任何话题都多），祂称祂自己的教导为"好消息"。当祂行施行医治，使人从死里复活，祂展示了天国的能力，并将其与黑暗之国区分开来。当祂被钉十字架，埋葬，从死里复活，光明之国就真正地粉碎了黑暗之国的权柄。总而言之，祂把天国带到地上，使大地和人类脱离撒旦的捆绑。

但这才是激情的部分(你需要学习本课的原因所在)！祂来到地上并不是声势浩大地带着在天上的荣耀，如我们所期待的那样，祂创造万物，万有靠祂而立。不光是这样，祂还征服了仇敌。祂从黑暗之子手中夺取了黑暗之国。但是，就像任何争战一样，祂需要占据攻克的版图，祂需要守住它。祂本可以在弹指间做到，但祂没有。祂所做的，对恶魔之国或祂所拯救的罪人来说，好像有点显得微不足道。其实，祂是把一只手靠在背后，便占据祂赢得的版图，*祂局限住祂自己，是要通过祂造的人来工作！*

真的吗？

阅读以弗所书3:10-11

3a. 为了向天上（魔鬼之国）执政的、掌权的彰显祂的大能，耶稣的宏伟计划是什么？祂决定用什么方法？

你说什么？耶稣——全能的耶稣——要*藉着教会*与魔鬼之国的执政者和掌权者进行较量吗？耶稣将要藉着…教会来展示上帝百般的智慧吗（"百般"读作壮丽的、不可思议的、无法抗拒的、绝妙的、…）？

这真是不可思议。

阅读约翰福音17:23

这里，在祂大祭司的祷告里，就在祂被带去受死之前，耶稣为祂的门徒祈祷。我们将在第二课会更详细地看这个祷告，但在这里，让我们看看本课的主题章节。

4a. 耶稣为祂的门徒定了什么目标？

　b. 为什么？祂的首要目的是什么？

> "天国乃是上帝藉着上帝的子民来管辖上帝之地。"
> 杰里米·特里特[5]

基督的身体

事实上，这是不可思议的想法。当耶稣离开地上的时候，祂差遣圣灵充满祂的门徒，并加添力量，使他们成为天国的承运人。祂建立基督的身体，也就是耶稣的四肢，并用圣灵充满他们。

---

[5] 杰里米 R.特里特，*先要寻求：上帝的国如何改变一切*(密歇根州大急流城：桑德凡出版社，2019)，第15页。

耶稣在地上的时候，用另一个措辞谈到这身体。在我们的英语圣经里，希腊语单词ekklesia最常被翻译成"教会 (church)"。当祂把西门的名字改成彼得的时候，耶稣作了这样的应许，祂说，*"我还告诉你：你是彼得，我要把我的教会(ekklesia)，建造在这磐石上，阴间的权柄不能胜过他"* （马太福音16:18）。然而，没过多久，那些耶稣的信徒 (被人冠上基督徒的名号) 开始认为教会不过是他们每个星期天早上礼拜的建筑物，或者是一群志同道合的人，他们把自己与肮脏的世界隔离开来的团体，到如今也是如此。

历史上，用在希腊著作中的"ekklesia"一词是指人民议会，在议会的公共场所召开会议，以期商议。[6] 这是政府用语，指的是决策机构。新约一直将教会 (ekklesia) 描绘成"人，而不是机构，也从来不是建筑物。"[7] 我们研读新约，其中70多处提到教会 (ekklesia) 一词，我们看到保罗也提到教会是基督的身体，是有生命的机体，在那里每一个成员都与其他成员神奇地联系在一起，并以基督他自己为头。当每个人都担当起自己的角色，用圣灵的恩赐彼此事奉，履行自己的职责，教会 (ekklesia) 这基督的身体就生长、成熟[8]，天国得以扩展。

但重要的一点是，基督的身体从来没有打算成为一个安逸的社交俱乐部，在那里我们唱唱甜美的歌曲，和我们的朋友混混玩玩。教会原来是要成为耶稣基督的属灵肢体，在地上合而为一扩展上帝的国度。耶稣在我们现在所说的主祷文中也说了同样的话，祂说，"我们在天上的父，愿人都尊你的名为圣，*愿你的国降临，愿你的旨意行在地上，如同行在天上* （马太福音6:9-10）。" 换句话说，我们要祷告，然后要行动起来，凡是行在天上的，也同样行在地上。那么，在天上的国终将彰显在地上，这可是个大使命啊！

虽然争战已得胜，但仇敌仍然占领着这片土地，这是战斗任务。当每个人挺身而出，完成上帝赋予的任务时，仇敌才会被征服。

5. 我们可能会被要求担当其中的哪些角色？通常我们会根据我们个人的恩赐来做事。机会出现时，这些都是每个基督徒需要能够担任的角色。阅读以下章节并分析其功用。

---

[6] 约瑟夫·亨利·塞耶博士，"塞耶氏新约希腊英语词典"，由橡树软件公司格式化和超文本。
[7] 弗莱明 H.雷维尔公司，*雷维尔圣经词典*，高级彩色。(新泽西州老塔潘：弗莱明H.雷维尔公司，1990年)，第220页。
[8] 弗莱明 H.雷维尔公司，220。

a. 马太福音11:12

b. 马太福音28:19-20

c. 马太福音10:8, 马可福音16:17-18

d. 以弗所书4:11-12

我们读新约时我们所看到的是, 每一个基督徒都被呼召, 藉着圣灵的恩赐向天国迈进。没有无所事事的旁观者, 每个人都要发挥各自应有的作用 (见以弗所书4:16)。我们每个人都要尽自己的责任, 为的是让整个世界、每个人都知道, 父遣子就像祂爱耶稣一样来爱我们 (见约翰福音17:23)。

想想看, 这要求很高, 但有耶稣显然知道我们是可以完成的, 但前提是我们要在事工上要合而为一。

> "教会里本来充满着敌对, 有来自不同种族、社会阶层和经济状况不同的各色人等, 还有犹太人和外邦人, 奴隶和自由人, 年轻人和老年人, 男人和女人——但圣经说我们现在在基督里要合而为一, 因为我们都以耶稣基督为中心, 所以我们互相之间有共同的使命, 教会是君王的社区。"
>
> 杰里米·特里特[9]

合而为一如同耶稣基督的身体

我们要合而为一, 如同一个身体。保罗如此说 *"身体只有一个, 圣灵只有一个, 正如你们蒙召同有一个指望: 一主, 一信, 一洗, 一神, 就是众人的父, 超乎众人之上, 贯乎众人之中, 也住在众人之内"* (以弗所书4:4-6)。

---

[9] 特里特, 103。

6a. 为什么你认为合一对宣教如此重要?

我是这么想的, 看看你是否同意。首先, 这个任务太大太重要, 所以不能被纷争所干扰。如今我们看到教会和世界都受纷争的影响, 共和党人和民主党人之间有纷争, 以及自由派和保守派, 富人和贫者, 受教育的与未受教育的, 强势的和弱势的, 卫理公会和浸礼会, 福音派和灵恩派等等清单可以一直列下去。你可以选择你喜欢、合你口味的那部分, 但没有一个能促进国度的进展, 有时候不但不是促进上帝的国度, 反而推向仇敌的国度。每次我们在教会里, 在基督身体里彼此对立纷争, 实际上是在给仇敌增添实力。耶稣说, 一个自相纷争的家是站不住的 (见路加福音11:17) , 同样对教会而言, 无论是地方教会, 还是普世教会, 如果内部自身在争斗, 那就必然也站立不住。因此, 在基督身体里的合一必须是我们第一个行动步骤, 无论发生什么, 我们定要彼此合一而行。

第二, 当我们这么做的时候, 我们会发现合而为一是武器, 上帝手里强大的武器 (见约翰福音17:23, 罗马书15:5, 以弗所书4:3, 13, 歌罗西书3:14) 。归于合一, 教会可以成为带来力量的强大国度。归于合一, 我们能击退仇敌。

这场战斗不是为了统治人, 这是一场征服黑暗势力的战争, 黑暗势力将人虏获, 就像你我在耶稣拯救我们之前被虏获的一样。这是一场排除障碍的战斗, 去占据耶稣为我们赢得的天国。为什么? *为的是让世人明白, 父遣子, 也差遣我们并且爱我们。*

> *我们合而为一, 在我们的头耶稣基督之下, 成为一个身体, 只有在这个时候, 我们才有能力告诉世人说, 我们的道路是一条爱的道路, 一条救赎的道路, 一条希望的道路, 一条平安与和睦的道路, 一条通往天国的道路, 这条道路将提供给我们过去失去的一切。*

这就是为什么重要的不仅仅是学习, 而且要充分理解"彼此"的经文并且身体力行。新约中有100多条关于"彼此"的经文, 都值得我们去关注。这项学习只着眼于十个更突出的主题, 唯一的目的是装备你成为天国的承运人。我可以向你保证, 如果你个人或会众学习这些经文, 并开始将之活出来, 开始将之当作武器, 你将成为精兵, 天国的勇士, 你将是把上帝的国度带到地上的重要一员。在你世界的小角落, 你要参与其中, 让人们晓得父遣子, 也差遣我们并且爱我们。

7a.   你对这次作业的第一印象是什么? 你兴奋吗? 害怕? 还是担心? 想想你为什么会有这种感觉。

b. 想想想在你世界的小角落里, 做个天国承运人意味着什么。如果你和你的教会像人民议会 (ekklesia) 那样运作, 会是什么样子?

c. 在你现有的生命里、教会里和生活圈子里, 是什么挑战不让你成为天国的承运人?

d. 在你学习过程中, 有哪些问题你希望回答?

背诵经文: 马太福音6:33

"你们要先求祂的国和祂的义, 这些东西都要加给你们了。"

合而为一的典范

第 2 课

"用和平彼此联络，竭力保守圣灵所赐合而为一的心。"
以弗所书4:3

想象一下耶稣在世上最后的夜晚。那是星期四，我们现在称之为濯足节星期四（耶稣升天节）。耶稣心里预感到厄运即将来临，祂知道时候到了，就是祂来到这个世界的目的即将实现。祂悲喜交加，心中苦乐参半，祂觉得自己就像一个即将临产的女人，真不敢想象这场磨难，但却又欢欢喜喜地期待着结果。

回想祂在世上33年的生活，祂眼里噙满着泪水，这就是人生一世，"祂想"经历事事却被时间紧紧缠裹"。

时间，以前从未限制过祂。回首往昔，祂在世上短暂一生的画面潮水般地涌上心头，家人呵护下的童年，马利亚柔情的抚摸和她温和的笑声，约瑟强健的双手，几乎能用木头做任何东西，还有祂的弟弟妹妹——分享快活玩耍的日子和家里炉火前的宁静时光。在拿撒勒，祂在会堂里宣布祂事工的那天，只不过是三年前的事吧？

短短三年，就发生了这么多事情。所有的人，他们所有的需要…而需要似乎是没有尽头的。祂的敌人在地上是多么的精干！人群总是簇拥着祂"教我们吧，拉比！""医治我们，夫子！""拉比，夫子！"祂是多么的爱他们每一个人，人情之常，相缠绕绕。

还有祂的门徒，父赐给祂的那些不同一般的人。更多的泪水充盈祂的双眼，这是爱和痛苦的眼泪，喜悦和关怀的眼泪。他们学得够多了吗？祂走之后他们还能坚持吗？他们还明白他们的宣教事工吗？

和他们在一起的最后的夜晚，祂要跟他们说些什么呢？祂该如何总结他们曾经在一起的日子？祂该如何帮助他们做好准备来面对明天恐怖的现实？祂该如何给他们力量使他们仍然持守信仰？ 祂教导他们不是与祂同死，而是要他们进入祂创建的天国，为了确保这些，祂要说些什么呢？天父的计划是使用这些人，把全世界的人带到祂身边，使用这些人继续在地上扩展上帝的国度。这些人是祂的朋友，虽然祂把他们教得好好的，但即使到了今天，他们似乎仍然不明白...

闹哄哄的喜庆打断了祂的沉思，他们回到了逾越节的晚餐，他们共进这最后的晚餐…

入门

1. 如果你知道你只剩下24小时的生命，什么是最重要的事情你会去做？

> "我盼望已久的时刻到了。"
> 圣女大德兰, 遗言 (1582)

耶稣和祂的门徒共度最后的夜晚，这既是终篇又是序曲，祂不仅预备让他们接受祂死的现实，还有祂升天以后他们在地上的角色。祂对他们说的话语，记录在约翰福音13至16章和路加福音22章。

阅读路加福音22:14-27和约翰福音13-16

2. 在下面的空白处，简要概述耶稣认为最重要的事情，他们最后在一起的夜晚，祂将这些分享给他的门徒。

    a. 路加福音22:14-20

    b. 路加福音22:24-27, 约翰福音13:1-17

    c. 约翰福音13:31-33, 36-38

    d. 约翰福音13:34-35

    e. 约翰福音14:15-27

    f. 约翰福音15:1-8

    g. 约翰福音15:9-17

    h. 约翰福音15:18-16:4

    i. 约翰福音16:5-15

    j. 约翰福音16:16-33

耶稣从上帝那里向他们说话以后，就为他们向上帝祈祷。虽然我们常常听到说，耶稣花很多时间向天父祷告，但这是我们唯一一次有幸分享祂如此详细的长篇祷告。

阅读约翰福音17:1-5

3a. 耶稣如何定义永生？

b. 在约翰福音3:16, 耶稣曾解释过一个人如何获得永生。为此祂说出了什么条件?

c. 就本人而言, 你走出这一步了吗? 你确定你有永生吗? 如果没有, 问问你的小组长或组内其他人, 与你讨论一下。

> "抓住时机, 系紧永恒。"
> 格雷格·劳里 [10]

4a. 耶稣如何说, 祂已将荣耀归于父 (第4节)? 引申开来, 你怎样才能荣耀天父呢?

b. 在你现在的生命里, 你怎样藉著顺服来荣耀父呢? 如果你觉得自己还没有, 你在哪里做不到呢? 看看是否请你的小组或领袖为你祷告。

---

[10] 格雷格·劳里, "谈谈我这一代人" 收获, 2015年10月24日 (访问日期: 2019年9月16日)。

c. 关于耶稣的神性, 这些经文确认了什么?

> *我们祷告和生活的目的, 必须是荣耀天父。如果我们这样做, 祂会给我们力量, 祂知道祂给的力量够我们用。然而, 如果我们只为我们自己追求荣誉, 我们的祷告和活动将毫无用处。*

请记住, 犹大提前离开了餐桌和同伴, 背叛了耶稣。耶稣当然知道这个 (约翰福音13:18-36)。
他们离开上房, 往客西马尼去, 耶稣把祂所爱的十一个门徒深深地放在心里。

阅读约翰福音17:6-26

在第6-19节, 耶稣为他的十一个忠实门徒祷告。在第20至26节, 祂为那些信祂的人祷告,
换句话说, 祂给门徒的信息也是为我们每个人留下的。请注意这些祷告是多么的相似,
我们在第20-23节看到祂为我们所作的最重要的祷告。

5. 耶稣为门徒所作的祷告大多是事实的概述和陈述, 但祂向天父提出了三个请求, 请问
   是哪三个?

   a.

   b.

   c.

6a. "成圣 (sanctify)"一词的译义来自希腊语, 意思是"使之神圣、洁净或圣洁化"。耶稣说
   什么使他们成圣? 神圣是什么意思?

b. 从耶稣为这十一个加利利农夫祷告的结果, 我们知道些什么? 他们接下来干了什么事情?
   他们的影响力有多大? (见使徒行传17:6, 最好是英王钦定本(KJV) 或英文标准版(ESV),
   很有影响)。

c. 耶稣给他们任务，而他们为什么能够如此出色能干呢？(见约翰福音14:15-19和16:7-16)。

> "为为传道人向上帝祈求，使他们能成圣，完全委身于上帝，并且对这话的作用要了如指掌，牢牢放在心上，好向他人宣讲。"
>
> 马太·亨利 [11]

7a. 耶稣如何认为世界已经对门徒们作出反应？

b. 对比耶稣为我们合而为一所作的祷告，什么是世界特有的，什么是我们偏爱的 (15-18节)。

c. 请描述一个你因信仰而感到不自在甚至受到迫害的状况，你当时有什么反应？你是如何作出正确回应的？如果下次还有这样的状况，你还愿意这么做吗？

---

[11] 莱斯利 F.丘奇博士，皇家历史学会会员，编辑。*马修·亨利对整本圣经的评论* (密歇根州大急流城: 宗德万, 1961)，1608页。

> *耶稣没有为祂的门徒脱离这个世界而祷告,也没有祷告说他们不会面临敌意或苦难。祂只是祷告说,天父能保守他们,让他们成为一体。*

8a. 祂为所有信徒祷告,用什么词概述 (第23节) ? 耶稣对此设定什么标准?

b. 我们要成圣并且得保守,其天国的目的是什么? 为什么信徒之间的合一, 对于向世人证明耶稣是谁是至关重要的?

9a. 对于参加其他教会的人, 或有持与我们稍有不同的神学观点或敬拜形式的人, 这段经文建议我们应该作何反应?

> *"必不可少的是合一, 可有可无的是自由, 在其他的事情上是宽容。"*
>
> 鲁珀图斯　梅尔德里厄斯

b. 以下哪项是三个主要的教义问题, 来确认该人是我们应该合一的信主伙伴?
   1. 圣灵在当今世界的作用
   2. 耶稣基督的神性和主权
   3. 教堂建筑物的大小和设计
   4. 圣经的权威

5. 敬拜的风格 (例如, 正式的还是非正式的)
6. 种族、收入或生活方式的相似之处
7. 唯信耶稣基督能得救
8. 施洗形式 (洒水礼与浸入礼)

c. 当今还有些使信众彼此分裂的问题, 我们应该如何处理这些剩下的和其他的问题?

很遗憾, 或许随着我们的世界变得更加尖刻和分化, 基督徒的合而为一, 将变得更具独特鲜明。

> "只只有到那时, 当上帝的子民在上帝面前如一个身体站立在爱的团契里, 彼此惺惺相惜, 并在世人面前如一个身体站立在爱里, 使得世人能看到爱, 只有到那时, 他们才有能力获得他们向上帝祈求的祝福。记住了, 如果一个本应是整体的容器破裂成许多碎片, 它就不能被盛满。你可以取容器的一块残片, 再蘸上点水放进去, 但如果你想把容器装满, 容器则必须是完整的, 基督的教会确实也是这样。如果还有一件事我们仍然必须祈祷的话, 那就是, '主主啊, 藉着圣灵的大能, 把我们融为一体'。"
>
> 安德鲁·默里 [12]

10a. 想想你和其他信仰者的关系, 在哪些方面你还没有达到耶稣为我们所寻求的合一? 请描述一下。

[12] 安德鲁·默里, *彻底降服* (宾夕法尼亚州斯普林代尔: 惠特克大厦, 1981年), 24。

b. 本星期你能采取什么步骤来寻求基督徒之间更充分的合一? 为什么这很重要?

c. 基督徒之间的合一怎么才能向慕道友传递上帝的爱?

d. 合一是个怎样的天国宗旨?

> *合而为一的果实, 其实就是合而为一的目的, 是要让世界知道, 上帝差遣耶稣基督, 并且祂爱他们。*

耶稣心里对他的门徒, 甚至对他的整个教会, 都有一个特定的目的。祂祈祷我们能合而为一, 就像祂和天父合一那样, 那么世界将知道祂是谁, 祂为什么来。这是我们的责任也是我们的任务, 这就是我们作为基督徒生活在这个世界上的目的。我们就是这样推进天国。在接下来的十一节课程里, 我们会学到什么是合而为一及其任务的真正含义。

背诵经文: 约翰福音17:23

"我在他们里面, 你在我里面, 使他们完完全全地合而为一, 叫世人知道你差了我来, 也知道你爱他们如同爱我一样。"

彼此相顾

第3课

> "但但神配搭这身子，把加倍的体面给那有缺欠的肢体，免得身上分门别类，总要肢体彼此相顾。"
>
> 哥林多前书12:24b-25

你有没有思考过这非凡的被造物叫做你的身体？纵观历史，我们人类一直在研究并试图解释这个身体的动态能力。

深思于骨骼、肌肉和肌腱是如何协同产生力量和运动的，惊奇于红细胞和白细胞以及血浆是如何维持生命和对抗疾病的，赞叹于DNA和RNA是如何成为生命的基石，探究大脑的深处，身体的控制中心，才领悟到我们只不过刚刚开始了解身体的能力。我们似乎知道很多，但每天我们都会发现更多。我们可以解释化学和机械功能，但我们仍然惊讶于普通人身体的样子，如此轻而易举地将所需的多种功能整合在一起，来完成最简单的运动。

这就是基督身体的样式——能够平稳的运转，看似简单，却又异常复杂的有机体，能够完成非同一般、难以置信的任务。难道一个多样化的群体，在一个元首的控制下，就能像身体那样顺畅运作吗？这就是上帝对教会的计划，祂的合而为一的计划。我们的任务是，像人身体那样，停止对抗，并以平稳、完整、有效的方式开始运作，那么我们就能够成为有成效的天国承运人。

入门

1. 什么是你看顾或护养身体的一种方法?

> "人之有效, 乃整体也, 强于其肢体之总和。"
> 伊达 P.罗尔夫(1896-1979)

耶稣为祂的门徒作最后的祷告, 祈求我们合而为一, 就像祂和天父合而为一那样, 让世人知道父差遣子并救赎每一个人, 是因着祂对所造之物的大爱。祂的总体目标是在地上建立天国, 如同那天上的写照 (见马太福音6:10)。在新约的其余部分, 我们看到这概念的实际应用。

早期的信徒们把这个告诫牢记在心, 每天花时间在一起敬拜和掰饼, 享受彼此的交通, 他们志同道合, 恪守准则 (见使徒行传2:42-47)。所有的人"都是一心一意的" (见使徒行传4:32), 他们的榜样向世人证明他们信仰的真实可靠。诚然, 我们彼此相处的方式, 我们彼此显示的眷顾, 证明我们委身于耶稣基督和祂在地上的天国。

阅读哥林多前书12章

教会由所有的信徒组成, 称为基督的身体 (见哥林多前书12:27, 罗马书12:5, 歌罗西书1:24)。这身体以耶稣基督为头 (见以弗所书1:23), 当我们接受耶稣基督为我们的主和救主时, 我们每个人都成为那身体的一员 (见约翰福音1:12, 约翰福音5:24, 约翰福音17:3, 约翰福音1:5:13)。一个身体共享许多共同点, 一个灵, 一个希望, 一个主, 一个信仰, 一个洗礼, 一个上帝和所有人的父 (见以弗所书4:3-6)。基督的身体有两个组成部分: 1) 普世教会, 由各地的基督徒组成, 2) 本地教会, 由信徒会合而成。

哥林多前书12:25翻译为"相顾 (concern)"的这个词, 其涵义是自忧自虑、思绪万千、饶有兴趣、挂肚牵心。当我们彼此相顾的时候, 这些涵义的每一个可能都是合适的。

2a. 这段经文对我们如何与其他信徒接触有何提示? 在信主同伴当中, 举一些例子, 从泛泛之交到胶漆相投。

b. 保罗说我们每个人, 每个信主的人, 都是同一身体的肢体。你有没有遇到过一个基督徒, 也许是另一个州或国家的人, 却一见如故, 好像此人是自己的亲兄弟或姐妹一样? 描述其中的一件事。

c. 当我们遇到其他信徒时, 什么是合而为一的要素? (见第13节) 。

"耶稣基督在当今世界正在做什么呢? 答案是, 祂正在做的, 正是祂有肉身的时候所做的。唯一的区别是, 祂不再是藉着一个孤于尘世的有形身体来做这件事。祂现在是藉着分布于世界各地、传播并渗透到社会各个层面的组合共同体来实现这一目标。这是同样的事工: 属于同样的种族, 在同样的条件下, 面对同样的态度和同样的问题, 就像祂本人在这里的时候一样, 现在祂是藉着另一种身体来做的。我们非常需要理解这个概念, 那就是教会。"

雷 C.斯特曼 [13]

---

[13] 雷 C.斯特曼, "圣徒的事工: 当代的基督 (以弗所书4:11-12) , 1966年3月16日, "第1页。

3a. 保罗采用对身体的描述来为我们阐明这个概念。祂说是谁安排了身体的各个肢体？（见24节）。

b. 为什么我们每个人都不一样？（见17-19节）。

c. 如果我们不喜欢自己的角色或同伴，我们能选择干脆离开基督的身体吗？在这种情况下，我们应该如何应对？

"身体不仅仅是各肢体的集合体，而且是在头的调控下的功能单位。我们可能与其他成员没有任何共同点，但我们和耶稣基督，我们的头是相联的 ...身体的存在丰富多彩。肢体是不同的，但每一个都起着关键的作用，个体为整体做出贡献。"

杰弗里·法拉 [14]

[14] 杰弗里·法拉，"准备好你的恩赐，"（中央半岛教堂：1985年1月14日）。

基督身体里的主要问题之一是人类共同的议题。我们很容易互相比较,我们从我们的婴儿开始,——谁先会走路、说话,谁先会上厕所?然后我们开始上小学——谁的成绩最好,谁进入球队,谁最受欢迎?到了成年,比较则成了习惯——谁有最好的工作,开最名贵的车,或者谁的度假最富有异国情调?当然,在任何年龄段进行比较,其结果是一些人出人头地,而另有些人则是陪衬垫底,这就是生活。那么,我们把这种竞争和比较的本性带入到基督徒的生活当中,有什么可大惊小怪的呢?但圣经在这方面却没有留下谈判的余地。

4a. 你觉得基督徒有谁配得上殊荣?是谁?为什么?你觉得基督徒有谁比其他人举足轻重,又有谁比其他人微不足道?是谁?为什么?

b. 使徒雅各也谈到这个问题。用你自己的话概括一下雅各书1:9-10和雅各书2:1-9中的教导。

c. 你觉得你在哪方面合乎于(基督)身体?你觉得你配得上或者配不上赞誉吗?为什么?(说实话!)

d. 有关基督身体每个成员的价值，主藉着保罗是怎样说的 (哥林多前书12:22-26) ？

e. 你个人需要采取什么具体步骤来表达你对身体当中所有成员的关心? 这也可能包括你对自己的态度。

f. 这类的看顾如何使慕道友相信天父爱他们? 这和我们在世上看到的有什么不同?

> *每一个基督徒，不论在世界上的地位如何，在上帝的眼中都是同等重要。*

就现实而言，世界上每个基督徒都要对其他基督徒表示关心是不现实的, 毕竟，我们受到人之属性的限制。然而，上帝用选择更小、更容易做的单元即地方教会来实现祂所期望的合而为一。

5a. 你委身于当地教会吗? 如果是这样的话, 这种委身对你有什么要求或意义?

> *每一个基督徒，无论他在世界上的地位如何，需要成为当地教会积极、委身的一员，才能为基督所期望的合而为一作出贡献。*

保罗以属灵恩赐的讨论来开始和结束祂有关基督身体合一的论述。这些恩赐是主在地方教会和普世教会中实现合一的机制，罗马书12章和彼得前书4章对此作了进一步描述。

6a. 恩赐与我们彼此相顾有什么关系？(见哥林多前书12:7)。

  b. 保罗在哥林多前书12:2-7的主要观点是什么？

阅读以弗所书4:1-16

第12节中的"装备 (preparing 或 equipping)"一词来自希腊语，意思是"为服务而装备 (to equip for service)"。其词根经常用来描述鱼网的修补使之适于使用。

7a. 保罗在这里指出教会领袖的职能。这五个职能是什么？这些领袖的共同责任是什么？

b. 关于上帝给每个信徒属灵恩赐的目的, 保罗说了什么? (见12-13节) 。

c. 如果教会按这段经文所阐述的那样正常运作, 那将如何向世人证明, 耶稣就是祂宣称的自有永有的上帝?

8a. 你已经确认上帝给你的属灵恩赐吗? (见罗马书12:4-8, 哥林多前书12:1-11, 彼得前书4:10-11) 。如果是, 那是什么呢? 你的恩赐用于服事, 来建立基督的身体, 关于这点你是怎么看的 ?

b. 你是否拥有目前还没有使用过的恩赐? 是什么恩赐? 你为什么不用? 你可以采取哪些具体步骤开始使用这些恩赐?

c. 如果你还没有确定你的恩赐，那么有哪些方面你觉得在教会里服事称心如意而且得心应手？你有什么特别擅长或喜欢做的事情吗？在接下来的几星期里，与你的领袖一起工作，着手确认上帝赐予你的恩赐，以及你将如何使用它们。[15]

> "...如果每个基督徒都是全世界基督身体里的"细胞"，就像人体细胞一样，那会怎样？如果每个信徒身上的同一圣灵相当于我们自己身体每个细胞内发现的同样的DNA，那会怎样？这就意味着，天地万物之主，藉着所有在一起的信徒，再次道成肉身，行走在这地上，医治，救助，安慰和拯救。"
>
> 威廉·奈斯比特 [16]

讨论了属灵恩赐之后，保罗在哥林多前书12:12-13和27-31回到合而为一的信息。

9a. 他在这些经文当中强调了什么？

b. 这些经文对你行为或态度的具体改变说明了什么？

---

[15]注释：有许多优秀书籍，深入探讨属灵恩赐的主题。此外，还有一些关于相当不错的属灵恩赐的调查。你的牧师可能会帮你找到其中之一。

[16]威廉·奈斯比特，"教会真的——我是说真的——是基督的身体吗？，"*光与生命*，2003年1月至2月。

10a. 在这一章当中，你相信什么最能有效地向世人表明，天父爱他们，差遣耶稣来救赎他们？为什么？

b. 当我们作为功能良好的身体来运作，并运用我们的恩赐，那么天国宗旨将如何被证明？

> 上帝赐予我们恩赐，不是为我们自己的造就，乃是要我们能服事别人，使整个基督身体都富足。不应该有"失业"的圣徒！每个基督徒被呼召在"事奉当中"。

在身体当中，每个肢体都必须快速、平稳、无阻地完成其相应的功能。每个肢体都必须接受大脑的指令，大脑是身体的最高控制中心。任何躯体如果不按常态这样做，那就是不成熟或残障。如果我们在教会里牢记这清晰的示例，紧张气氛和矛盾冲突就会减少。然后，世界就会真正晓得我们上帝的力量，我们将看见上帝的国在地上建立。

背诵经文：以弗所书4:11-13

"祂所赐的有使徒，有先知，有传福音的，有牧师和教师，　为要成全圣徒，各尽其职，建立基督的身体，　直等到我们众人在真道上同归于一，认识神的儿子，得以长大成人，满有基督长成的身量。"

彼此相爱

第4课

爱是何物? 我三岁的孙子, 正处于这样的年龄段, 就是他爱所有的东西!

"我爱那辆蓝色的汽车。"
"我爱这蛋糕。"
"我爱那件蓝衬衫。"
"我爱你…"

他说的话听起来很可爱, 但我们成年人不也一样吗?

"我爱你。"
"我爱花生酱和冰淇淋。"
"我爱茂盛的绿树和潺潺的小溪。"
"我喜爱戏剧。"
"我爱早上散步。"
"我爱你。"

英语太不具体了, 我们用爱 (love) 这个字以同样的激情来描述人类最强烈的情感和最一般的偏好。在这里面, "爱"却失去其效力, 只不过是一个弱动词。即使应用在浪漫的关系里，爱也往往只是转瞬即逝的情感，更多地建立在荷尔蒙的基础上，而不是建立在持久的牺牲奉献上。我们的爱是如此短暂！

耶稣不只是谈论爱，祂也把爱表明出来，祂命令我们彼此相爱。在21世纪我们如何理解他的诚命？

入门

1. 你怎么知道有人真的爱你？

> "我们的工作让人们与爱面对面。"
>
> 特蕾莎修女

阅读约翰福音13:31-35和约翰福音1:3:16-4:21

爱是基督徒区别于世界的主要特征。在祂被出卖的那个夜晚，对于门徒们需要明白的事情，耶稣想要作个总结，这个字尤为突显。

希腊语中表示这种爱的词语是名词agape和动词agapao，这些词语表达了上帝（见约翰一书4:16）和祂的子民（见约翰福音13:35）的本质，他们代表自我牺牲的爱，没有回报的期待。Agape是神圣的爱，与希腊语phileo形成对比，phileo的意思是温柔的爱或兄弟般的爱。

爱的诫命对这些最初的犹太信徒来说并不是新诫命。的确，当法利赛人和撒都该人问耶稣说："夫子，律法上最大的诫命是什么？" 耶稣引用耳熟能详的希伯来圣经回答。

2. 请读马太福音22:34-40, 申命记6:5和利未记19:18。总结两条最大的诫命。

> "我怎么可能爱上帝呢？也许我爱上帝的唯一方式就是爱你。"
>
> 鲁本·韦尔奇 [17]

3a. 在祂被钉死在十字架上受难的前一天晚上, 耶稣详述并阐明诫命中的第二条。请读约翰福音13:34, 这条新诫命与旧诫命有何不同？

b. 如何做到这条新命令来履行第一且是最大的诫命？(见约翰一书5:2-3)。

4a. 有了这个新命令, 耶稣是提高还是降低了信徒的标准？请解释。

---

[17] 鲁本·韦尔奇, *我们真的彼此需要* (纳什维尔, : Impact Books, 1973) , 87。

天国就在现在 | 33 |

b. 有什么切实可行的方法可以让你们彼此表达爱? 这当中哪些对你来说容易些? 哪些是需要你作出牺牲舍弃的?

c. 你在爱别人的过程当中遇到哪些障碍?

> "有时候我想知道我们挽救自己是为了什么? 你知道, 我们想挽救自己, 保住自己, 拥有自己, 仿佛是人生的最高目标, 是要在我们的棺材里看起来不错。爱得不到分享, 自我得不到满足, 躬行而无果, 有志而难酬, 情感亦无延伸, 这样走到生命的尽头, 并不是什么特别的祝福。这不是励志的思维, 尤其是在我这个年纪, 不过我总觉得, 人到中年, 他大概已经消耗过半。当我读到约翰一书3:16, 我不断问自己这个问题: 我救我自己是为了什么? 难道上帝的旨意, 是我们走到终点时, 我们就这样耗尽了吗? "
>
> 鲁本·韦尔奇 [18]

[18] 韦尔奇, 77。

5a. 在基督的身体里，你最难以爱的人是谁或是什么样的人？为什么？(如果这可能会给那人带来尴尬，你就不要指出是你小组中的人或你小组里认识的人。)

b. 当你和那人或那种人在一起时，你会有什么感受？

c. 当你和那人或那种人在一起时，你会怎么做？

d. 上帝要我们如何回应其他基督徒？(另见腓立比书2:1-11)。

神经科学现在证明，情感和行为都是由我们的思想、信念和心态所驱动的。如果我们想改变我们的感受或行为，那么我们对某人或情况的看法或认定就必须首先改变。这里有一个例子来说明这一点。

2019年9月，肯塔基州路易斯维尔的香农·格里德利 (Shannon Gridley) 正前往附近的一家塔可钟 (Taco Bell) 餐厅用餐。在去餐馆的路上，格里德利看到街上有三个无家可归的人，就请他们和她一起去吃晚饭。她继续邀请沿途见到的人，直到她有一群将近20名无家可归的人，年龄从十几岁到60岁不等。当他们到达餐厅时，保安和店主虽然向他们打招呼，但他们开始难为这群人，他们锁上了洗手间，坚持让格里德利提前付款，并必须把食物打包带走，免得他们在餐厅里吃饭。当他们坐下来吃饭时，一名员工说餐厅关门了，试图把他们赶走。可当时才7点45分，而餐厅公布的关门时间是9点。[19]

当时双方各持己见，场面非常火爆。格里德利的动机是爱，她愿意花任意多的钱供应食物给这些无家可归的人。餐馆老板和员工是出于恐惧也许是厌恶；他们想尽快让无家可归的人离开他们的店。其实只要改变你的心态就会改变你的感受和行动。

> *爱促使行动，只有这样，爱才能够被理解。*

上帝差遣祂的独生子 (行动、行为) ，献上祂的生命，赎了我们的罪 (见约翰一书4:9-10) ，向我们显明祂的爱 (态度、信念) ，这显然不是自作多情，也不是人之常情。上帝的爱并不是因为我们配得、可爱、或是值得祂关注 (见罗马书5:8) ，更确切地说，这是祂在行使祂的神性意志，是深思熟虑的抉择。我们接受命令跟随祂的脚步，像祂爱我们一样真心实意地彼此相爱。

因此，基督徒的爱，无论是在教会里彼此相爱，还是对一般人的爱，都不是感情冲动，并不总是顺其自然，也不只是针对那些有个人魅力的人。爱是寻求所有人的福祉 (见罗马书15:2) ，爱是不加害于人的 (见罗马书13:8-10) 。爱是"有了机会就当向众人行善，向信徒一家的人更当这样" (见加拉太书6:10) 。基督徒的爱是不容易的，但是当我们遵守这条诫命，世界将确实知道我们是不同的，我们将尽我们的一份力量来推进天国。

6a. 你如何爱那些在你心目中不可爱的人呢？这种爱从何而来？(另见约翰福音14:26, 加拉太书5:22) 。

---

[19] 亚历山德拉·迪布勒，"墨西哥玉米卷铃铛的顾客在招待无家可归的人吃饭时说，她被踢出了餐馆，" 福克斯新闻:http://www.foxnews.com/food-drink/taco-bell-customer-kicked-out-homeless (访问日期: 2019 09 16) 。

b. 请读哥林多前书13:4-8a。用你自己的话写下这段经文的扩增版。这对你个人意味着什么?

> *爱是意志的表现。我是否想去爱并不重要。这不是选择,*
> *这是诫命。愿主赐我能力使我顺服。*

阅读彼得前书4:7-11

爱某些人是容易的,但对另一些人,则不一样了。抽象地讨论爱是一回事,当我们不被公正对待时,爱则另当别论了。当家里的人、教会成员或其他基督徒伤害我们,我们该怎么办? 显而易见的答案是宽恕,我们将在第7课深入探讨。我们看下经文,在我们即将赶到那里之前,使徒彼得给了收信人很好的建议——基督徒当时因受迫害而四处逃散,他们正面临挑战,要在异国他乡与他们可能不认识的人建立新教会。

7a. 彼得讲到爱的一个好处,是什么?

b. 在基督的身体里,你是否觉得有人深深得罪了你,以致于你感到你不能与他契交? 彼得怎么回答?

阅读约翰福音13:35

8a. 在约翰福音13:35, 耶稣给了什么理由, 作为彼此相爱的诫命?

b. 因着基督的大爱 (agape) , 如何使世界相信我们是祂的门徒, 并且父差派儿子来救赎世人? 这和世界所知的爱有什么区别?

c. 爱在哪些方面是天国的宗旨? 关于天国, 爱传达了什么?

> "如果我们信主的人之间没有爱, 而在外面高谈阔论要爱人, 那有什么益处呢? 如果对我们团契内部没有任何益处的话, 那么在任何地方也同样没有任何益处....。要对现实中的人表示爱, 那就从我们这里的基督徒兄弟姐妹开始...。"
>
> 鲁本·韦尔奇 [20]

---

[20] 韦尔奇, 89。

9a. 这星期你需要采取什么行动来开始对另一个人进行爱的操练？(不仅要考虑你的教会这个大家庭，还要考虑你自己本身的小家庭和原生家庭。) 为你愿意有顺服的意愿来祷告。

> *当世人看到我们抛开自己的需要，甘愿牺牲，彼此相爱，他们将会知道我们的上帝是爱的上帝。*

我们每天都可以通过成百上千种方式互相展示上帝的爱 (agape)，这些可能包括满足身体或情感上的需求，关心体贴，建立而不是拆毁对方，或者在需要的时候表现的坚定。所有这些都需要我们为彼此牺牲或"放下"我们的"自己"。这项学习的其余部分将探讨几个彼此相爱的实例。

背诵经文：约翰福音13:34-35

"我赐给你们一条新命令，乃是叫你们彼此相爱，我怎样爱你们，你们也要怎样相爱。你们若有彼此相爱的心，众人因此就认出你们是我的门徒了。"

彼此劝慰 互相建立

> "所以，你们该彼此劝慰，互相建立，正如你们素常所行的。"
>
> 帖撒罗尼迦前书5:11

嘿，干得好！"

"克莱尔，我真的很感谢你在招待事工里的帮助，你在这方面很有恩赐，你有能大声喊出欢迎！我很高兴你来这里！'的恩赐。"

"吉姆，这很好，但我认为你可以做得更好，你为什么不再试一次呢？上帝给了你很大的恩赐，你要能接受最好的自己。"

"埃丝特，我知道这份工作对你来说很难，尤其是在你这种家庭环境里。虽然你在某些方面还有些问题，但你愿意继续努力，而且态度很好，有人纠正你时，你愿接受，我感谢你。我相信如果你愿意坚持下去，你会成为我们这里最优秀的员工之一。请你一定要明确地让我知道我能怎么帮助你。"

劝慰，多多益善，有谁不愿意呢？人皆乐之，人皆善之。但我们多久才会给人一个劝慰呢？劝慰能建立人，即使是在纠错的过程当中。劝慰也肯定了人有上帝的形象，即使那人在某项任务上暂时失败。

劝慰不是徒劳的奉承，也不是叫人半途而废、庸庸碌碌。相反，劝慰是鞭策基督徒在耶稣基督里尽力而为。劝慰赋予他们充分发挥潜力的勇气，而不是在目标面前止步不前。

劝慰是我们彼此赠馈的礼物，我们将上帝的天国带给受伤的世界，这有许多方法，而劝慰则是其中之一。

入门

1. 你还记得谁在你童年时给了你最受益的劝慰? 具体来说, 他/她用了什么方法?

"劝慰是灵魂之氧。"

乔治 M. 亚当斯

阅读帖撒罗尼迦前书5:1-22

在第11节中, 两个希腊单词充分说明我们相互关系的样子。 。第一个是 *parakaleō*, 翻译成"劝慰 (encourage)"。它来自两个词, 意思是"呼叫 (to call)"和"旁边或附近 (beside or near)"——换句话说, "叫到旁边来 (to call beside or come alongside)。" 在帖撒罗尼迦前书和其他经书中, 同一个希腊词被翻译成"安慰 (comfort)"或"规劝 (exhort)。" 这个词组结合了劝慰、安慰、增强和慰藉的概念。

第二个词是 *oikodomeō*, 这里翻译成"建立 (build up)"。这个词的字面意思是"做建房子的人, 建筑, 确认, 建立, 或造就。" 使徒保罗写信给希伯来人, 都经常用这些词语来提醒基督的身体要彼此劝慰、规劝和安慰, 以便互相建立。该经文中, 这两个词都是第二人称复数祈使句, 换句话说, 这不止针对一个人的命令, 在这种情况下, 而是针对那些在帖撒罗尼迦组成教会的人。

正如保罗回答帖撒罗尼迦人所问的关于基督再来的问题, 关于"主的日子"新约早期教会持旧约的观点, 记住这点很有帮助。对犹太人来说, 这一天将把现时代和后现时代分开, 现时代败坏透顶、无法治愈, 后现时代将会是上帝的黄金时代。尽管他们满怀期待, 盼望这个时代的到来, 但他们害怕他们所相信的将是可怕的"主的日子"。威廉·巴克莱表达了他们的担忧，他说，"那一天将是非常可怕的一天。这就像新世界的分娩剧痛；这将是一个世界被粉碎，而另一个世界诞生的日子。"[21]

在这一章中，保罗劝慰帖撒罗尼迦的新信徒，提醒他们，因为他们有基督再来的盼望，所以他们不同于世界上其他没有盼望的人。他的话也同样激励我们。

2a. 保罗怎样将基督徒 (光明之子) 与不信者 (黑暗之子) 作比较?

    b. 既然我们与众不同，并且有盼望，那我们怎样度过我们的时光呢 (第11节)？为什么我们能比世界上的人更自由地这样做?

    c. 在第11节，他针对他们的品行进行规劝，保罗是怎样劝慰帖撒罗尼迦人的? 我们如何效法这种榜样?

    d.在12-22节中，他提出了17种可行的方法。它们是什么?
      1.
      2.
      3.
      4.
      5.

---

[21] 威廉·巴克莱，*给腓立比人、歌罗西人、帖撒罗尼迦人的信*，第2版，每日学习圣经系列 (费城: 威斯敏斯特出版社, 1959) , 237。

6.

7.

8.

9.

10.

11.

12.

13.

14.

15.

16.

17.

因为我们享有特定将来的应许，我们就可以自由而无私地劝慰和建立他人。

3a. 在新约中, 巴拿巴这个名字的意思是 "劝慰 (或安慰或劝诫) 之子", 这是劝慰人的极好例子。读下面的经文, 描述一下为什么使徒们会给他起这个名字。

使徒行传 4:36-37

使徒行传 9:1-27

使徒行传 11:19-26

使徒行传 15:36-41

阅读希伯来书10:24-25和希伯来书3:12-13

4a. 劝慰他人的另一种方式是什么? 为什么这很重要?

b. 不劝慰人的后果是什么?

> "人性最深处的法则是渴望被赞赏。"
>
> 威廉·詹姆斯

5a. 按照帖撒罗尼迦前书、希伯来书和使徒行传的书目顺序, 描述你在劝慰他人方面的能力。

b. 在劝慰人这方面, 你是否觉得不擅长?

c. 描述某个时间或情况, 那时你可能不是个好的劝慰者。在这方面祈求祷告, 并且允许自己负起责任来改进。

d. 对你来说, 谁或哪类人是最难劝慰和建立的? 为什么? (倘若引起尴尬, 就不要提名字, 无论是你小组里的人或者是你小组的人认识的。) 列出三个方法, 你可以开始劝勉这个人或这类型的人。

    1.

    2.

    3.

e. 当世人看到我们毫无保留地彼此劝慰时，这会如何帮助他们信服上帝的爱呢？这种行为与我们通常在世界上看到的有什么不同？

> "我从来没有见到过一个人能做真正的工作，除非受到劝慰和热心的刺激，并得到他为之工作的人的认可。"
>
> 查尔斯 M.施瓦布

阅读哥林多后书1:3-7

6a. 写下这段经文，每次用"安慰"或"劝慰"这词时，用"陪伴"来代替。关于上帝与我们的关系，这扩展的意义告诉你什么？

b. 考虑到这一点，本星期你有哪些切实可行的方法可以安慰、劝慰或陪伴他人？要具体，并愿意对你小组成员负责。

> *人们通常不需要我们为他们解决问题。他们所需要的只是朋友来陪伴、理解，并给予耶稣的安慰。*

当我们彼此劝慰时，我们会情不自禁地互相建立，携手共进。当基督身体的每个肢体都建立起来，在基督里能发挥出他/她最大潜能，整个身体就建立起来了，真的和人体没什么区别。

阅读以弗所书4:11-13

7a. 这里所列举的，常常被称为五重事奉，主要与带领有关，不过我们大多数人在基督里成熟的时候，在某种程度上起着带领的作用。在基督的身体里，带领的主要作用是什么？

b. 这些作用或职位中的哪个是你时常担任的？

c. 阅读罗马书12:2-8和哥林多前书12章。基督致力于教会的建立，其另一个意思是什么？

d. 在这些经文当中, 属灵恩赐、建立、合而为一和成熟的概念是如何联系在一起的?

e. 当这四个概念开始实施时, 世界将如何知道我们是不同的? 为什么?

> *彼此建立, 其最可靠的方法之一, 就是满腔热枕地彼此劝慰。*

8a. 想想筑造建筑物的过程, 在基督身体里彼此建立的过程当中, 你能勾画出什么相似之处?

b. 阅读哥林多前书8:1-3。为什么知识会使人膨胀? 爱的结果与知识的结果有何不同? 你在知识或爱情方面更强大吗?

c. 你有没有想过你或你的朋友会在瞬间奇迹般地建立起来？这种愿望有多少切实可行性？
   什么样的事情更可能发生？（读申命记7:22。）

> "如果你想要改变人，而又没有冒犯或引起怨恨，那就
> 需要劝慰。你想纠正的错误，要让人看起来容易纠正；
> 你想让别人做的事情，要让人看起来容易做...。如果你
> 我能激励我们所接触到的人，从而认识到他们所拥有的
> 宝藏，那么我们能做的远不止是改变人，我们真的可以
> 改变世界。"
>
> 戴尔·卡内基

我们今天的社会变得越来越刻薄。随着社交媒体的普及，你很容易在思考之前情绪就被煽动起来，以牙还牙，回应敌意的评论时礼貌荡然无存，这会影响到我们书面甚至口头的交流。可悲的是，基督徒往往与世界上的人没有什么两样，我们表达我们的政治和社会观点时，和我们的邻居一样充满敌意。如果我们仍希望影响这垂死的世界，就必须停止这些行为。我们必须反其道而行，在表达我们的观点的时候，要把爱和劝慰的话说出来，毕竟，我们是天国的承运人！

9a. 你在什么时候或什么地方最想表达愤怒、敌意、讽刺或蔑视？通常的结果是什么？这又
    如何推进天国呢？

b. 为了成为一个劝慰和建立的人, 而不是个拆毁的人, 你会采取哪些积极的步骤?

c. 天国宗旨是如何彼此劝慰和互相建立的? 如果你和别人一起做事, 会向世界传递什么? 或至少向你的世界小角落传递什么?

甚至我们的社会也认识到劝慰的力量。不同的是, 作为耶稣基督在地上的代表, 基督身体的每一员都有他的能力, 能诚恳地劝慰人们去转变。当我们互相劝慰, 互相建立, 互相帮助时, 在基督里就发挥出我们最大的潜能, 世人将不得不坐下来关注, 因为我们将格外引人注目。我们将与众不同, 同时我们也会很有成效。

背诵经文: 帖撒罗尼迦前书5:11

"所以, 你们该彼此劝慰, 互相建立, 正如你们素常所行的。"

彼此认罪

第6课

> "所以你们要彼此认罪，互相代求，使你们可以得医治。"
>
> 雅各书5:16

认罪? "这不是陈旧过时的观念吗? 还是仅仅局限于'真情告白'杂志上? 认罪在我的生活中可扮演什么角色? 我当然不想让别人知道我到底是谁! 过不了多久就会满城风雨! "

这种话反映了你对认罪的看法吗? 如果正是这样, 你并不是仅此一例。向别人坦白他们的罪的这种想法, 不但对大部分基督徒群体, 准确地说是整个世界都会感到反感。的确, 在这道德相对主义的时代, 罪的概念看来几乎已经被摒弃。毕竟, 我们有什么资格互相论断呢?

尽管我们可能会忽视认罪的概念, 但这种观点是不被新约所允许的。在这一点上, 我们不仅应当向上帝认罪, 还要彼此认罪。

入门

1. 回顾一下你童年时代，你做错事，需要向父母认错。你认错前有何感受？你过了多久才向他们认错？你后来的感受又是怎样？

> "对认罪的人来说，虚假已去，真实始矣。"
>
> 威廉·詹姆斯

宗教改革以来，福音派教会拒绝了向别人认罪的观念。宗教改革领袖强调，由于每个信徒都是祭司，所以没有必要像罗马教会那样实行告解，他们摒弃了要求神父赦罪的传统。当然，改革者是对的，但是随着对圣职人员认罪的拒绝，对其他基督徒认罪的拒绝也随之而来。

早期教会却没有这些顾虑。事实上，"教会历史学家记录说，在早期教会的最初几个世纪里，雅各书5章所描述的做法非常普遍，以致一些教会领袖抱怨说，信徒们如此热衷于聆听忏悔认罪和用油膏抹，使得油灯总是空的。其实，这种做法几乎完全是非神职人员的职能，直到八世纪。"[22]

阅读雅各书5:13-16

希腊语中"认罪 (confess)"是个强烈的字眼，意思是"说同样的话，赞成，符合，同意。"[23] 它通常用于公开承认罪恶。换言之，关于我的行为或态度，我所说的话和上帝所说的话是同样的，不可讨价还价打折扣。其希腊词根，是我们向基督认罪时，使用非常频繁的单词。在谈论到她向别人认罪经历时，阿格尼斯·桑福德说，"我不得不正视我所有的过失，将之称为罪，并为此承担全部责任。"[24]

---

[22] 加里·斯威特，*摆脱过去* (俄亥俄州辛辛那提：基督教信息委员会，1980年)，III-26。
[23] W.E.维恩，*新约释义词典：英语读者含义精准* (新泽西州老塔潘：弗莱明H.雷维尔公司，1966年)，第一卷A-D，224-225。
[24] 艾格尼丝·玛丽·怀特·桑福德，*治愈之光*，新版本 (圣保罗：麦克莱斯特公园出版公司，1947年)，135。

任何关于认罪的讨论都隐含着悔改的概念，虽然没有在这段经文中使用，希腊语单词"悔改（repent）"的意思是"改过自新，憎恨过去的罪孽"[25]，意味着在事后，而不是在行为发生前，内心和行为都发生了变化。[26] 不愿意改变的认罪只不过是闲聊而已。

2a. 彼此认罪是什么意思？

b. 在这段经文中，我们彼此认罪的上下文背景是什么？

在某种意义上，所有的疾病都与罪有关，因为亚当的罪将堕落、疾病和死亡进入到完美的世界。圣经清楚地表明，并非所有的疾病都是罪的直接结果（见约翰福音9:1-3，约伯福音2:1-10），同样明显的是，罪可以引起疾病（见申命记28:22, 27，约翰福音5:14，和哥林多前书11:30），并且至少应该在任何需要治疗的时候被考虑。我们将在下一课中更多地思考这个概念。

> 与上帝和他人建立正确的关系对于一个人生命的每一部分的健康及其身心都是至关重要的。

---

[25] 塞耶。
[26] 葡萄藤，第三卷罗塞尔，第280-281页。

3. 何时寻求清洁的良心, 经文给出了明确的准则。何时向上帝或者藉着他人向上帝认罪, 我们从下面的经文中学到什么?

   a. 马太福音5:23-24

   b. 哥林多前书11:17-32

   c. 以弗所书4:25-27

   d. 雅各书5:14-16, 马可福音2:1-12, 诗篇32:1-5, 诗篇38

   e. 诗篇107:10-14

   f. 尼希米书1:4-7, 历代志2章7:14

> "独自面对罪的人是完全孤独的。"
>
> 迪特里希·朋霍费尔 [27]

4. 如何承认我们的罪, 并从他们那里得到宽恕的把握, 经文也给了我们准则。我们从以下关于认罪的经文中学到什么?

   a. 希伯来书9:11-14

   b. 马太福音16:13-20, 18:18-20

   c. 约翰福音20:21-23

   d. 雅各书5章14-16节

   e. 约翰一书1:8-10

---

[27] 迪特里希·邦霍弗和约翰W.多伯斯坦, *共同生活*, 哈珀柯林斯礼品第一版。(旧金山: 哈珀旧金山, 1993), 第110页。

> "认罪不是律法，而是提供给罪人的神圣之助。"
>
> 迪特里希·朋霍费尔 [28]

阅读出埃及记34:29-35和哥林多后书3:12-13

5a. 彼此认罪是私人活动，很容易使我们受到伤害。关于基督身体内的关系，在雅各书的经文中，有什么含义？

b. 当我们拒绝彼此认罪时，我们怎么能像摩西呢？

c. 除了让别人知道我们的错误，以便让他们为我们祈祷，向别人口头承认我们的错或罪还有什么好处？

d. 谁确保我们每次为认罪或掩饰真相的决定而争战？请读以弗所书6:10-18。我们该如何应对这种争战？

---

[28] 邦霍弗和多伯斯坦，117。

"以清洁的良心无愧于上帝及其他人,对生命至关重要,这有几个原因。这是与上帝、与自己、与他人和睦相处的关键。对抗应激反应,对抗随良心不洁而来的一切愤怒、恐惧、愧疚、羞耻、和焦虑,其关键第一步是清洁的良心……。清洁的良心也与祷告的力量直接相关,因为尚未克服的罪与恶会阻塞我们通往上帝的灵性通道。基督徒若能获得并保持清洁的良心,也能很快地在耶稣基督里走向完全……。反之,良心不洁则会阻碍在基督里属灵的成长。"

加里·斯威滕 [29]

[29] 斯威滕,III-23。

6a. 你是否愿意向其他信徒认罪? 你认为这对你的祷告生活有何影响? 你接受祷告的能力吗?

b. 我们该向谁认罪? 什么时候适合向全教会认罪, 什么时候只向一个或几个人认罪?

c. 你觉得向上帝认罪和彼此认罪哪个更难? 你觉得这是为什么?

"为什么我们向上帝认罪往往比向兄弟认罪容易? 上帝是圣洁无罪的; 祂公正审判邪恶, 是一切不顺从的敌人。但兄弟和我们一样有罪, 他能从自己的经历中知道黑夜里罪的隐秘。我们为什么不觉得去见弟兄比去见圣洁真神容易呢? 但如果我们这样做了, 我们必须扪心自问, 我们是不是在向上帝认罪的时候欺骗自己, 我们是否不情愿自己向自己认罪, 也不给自己赦免...是我们的兄弟打破了自我欺骗的怪圈。能在弟兄面前认罪的人, 就知道自己不再孤单; 他能在别人的现实状况中, 也经历了上帝的同在。"

迪特里希·朋霍费尔 [30]

---

[30] 邦霍弗和多伯斯坦, 115-116。

在当今教会，认罪聆听者的角色并没有得到很好的理解。"如果福音派对积极的认罪有所抵触，那么他们对我们向其他人认罪的建议则持绝对的猜疑态度。"[31]

如果我们相信耶稣关于该问题的教训在今天仍然是真理，那么我们就必须重新恢复我们生命的彼此认罪。当听者 (聆听或接受认罪的人) 说出赦免的话，罪的真正愧疚感不仅被上帝赦免，但同样重要的是，与我们个人失败相关的羞耻感也得到洁净。

聆听者并没有从字面上宽恕罪，但却有圣经的权威，宣告耶稣基督宽恕了已认的罪 (见约翰福音20:33) 。任何信徒都可以充当认罪聆听者的角色，要做到这一点，只需以祷告的心聆听另一个信徒的认罪，然后说赦免的话，使人从罪的愧疚和羞耻中解脱出来。根据迪特里希·邦霍弗的说法，"现在我们的兄弟站在基督的位置上。"[32]

很明显，在耶稣的应许中，任何基督徒都能聆听别人的认罪，说出饶恕的话语。然而，重要的是要选择合适的人，能向他认认真真地认罪。有时选择是显而易见的，需要向受我们行为影响的人认罪。然而，在别的时候，除了上帝和我本人之外，没有人受到罪的影响。也许真有这种情况，在我们的思想生活或态度中，发生的罪不一定是针对特定的人，但向另一个人认这些罪仍然是有好处的。在这种情况下，选择一个人，也许是你的祷告伙伴，你可以对他完全诚实的人。这个人应该是这样的，他活在耶稣基督十字架的实际经历里，经常认自己的罪。为改变你的行为或态度，这样的人也能督促你，并能和你一起祷告，为的是帮助你从罪中的捆绑中解脱出来。

7a. 为什么向别人口头承认我们的罪很重要? 为什么仅仅向上帝认罪往往还不够?

---

[31] 斯威滕，III-25。
[32] 邦霍弗和多伯斯坦，111。

b. 你愿意让自己成为另一个人认罪的聆听者吗? 为什么愿意, 或为什么不愿意? 你愿意向别人认你的罪吗? 为什么愿意, 或为什么不愿意?

> 我们能为别人做的最能医治人的事之一, 就是做聆听者, 藉着耶稣基督的权柄, 宣告某人的罪赦免了。

阅读罗马书14:17

8a. 当世上的人承认自己的罪或错, 或者被抓住并公开自己的罪, 其他人的典型反应是什么?

b. 彼此认罪对上帝的天国有何贡献? 什么样的人会很快认罪?

c. 我们愿意彼此认罪, 怎么能让世界相信耶稣是真的呢?

9a. 当我们被要求在教会里做彼此的聆听者时，在我们自己的行为中什么是绝对必要的？为什么？

> "我们是基督权柄、慈爱和恩典的代理人，我们是基督的身体。作为祂在世上的代理人，我们蒙召，是要向别人表明对罪人完全的接纳、慈爱和尊重，这是耶稣对祂周遭的人所表明出来的。在这方面包括守密。我无法想象耶稣会告诉别人一些隐私的罪，即使其原因是为了'替可怜的灵魂祷告'。"
>
> **加里·斯威滕** [33]

b. 在你的生命里有罪的地方吗？，并且需要你向另一信徒承认的。如果是这样的话，确定你将向谁认罪，以及你将在什么时候认罪。

---

[33] 斯威滕, III-25。

> "在认罪过程中，整个群体的突破就发生了。罪要人独处，让人退离群体。一个人越是孤伶，罪的力量对他就越具有破坏性，他的孤独就越是灾难性的。罪想要的是默默无闻，它刻意回避光亮，在黑暗中无以言表，悄然毒害一个人的整个生命……。在认罪过程中，福音之光能够穿透人内心的黑暗和隐密，罪必须被带到光明中。隐于言表的必须当众讲述和承认，所有的隐秘难以看见的都会被显露出来。这是一场硬战，直到公然承认罪。但上帝打破了铜门，砍断了铁闩 (诗107:16)。"
>
> 迪特里希·朋霍费尔 [34]

彼此认我们的罪，就好像对着我们的灵魂打开堤坝的闸门，让圣灵的活水洁净我们，使我们重生。虽然向别人承认我们的罪永远不会容易，但也不会像第一次那样困难。因此，没有什么时候能像现在那样，开始一种生活方式，向基督身体里至少一个人开诚布公，悔改认罪。[35]

背诵经文：雅各书5:16

"所以你们要彼此认罪，互相代求，使你们可以得医治。"

---

[34] 邦霍弗和多伯斯坦，112。

[35] 注释:对许多读者来说，这一章可能是整个圣经研究中最有抵触的一章。如果你一想到要向另一个人认你的罪，就发现自己还在反抗，请获取一份迪特里希·邦霍弗的*共同生活*，并阅读第5章"认罪和圣餐"。这将为这一主题提供令人信服的见解。

彼此祷告

第7课

> "你们中间若有人受苦，他该祷告；有人喜乐，他该歌颂。你们中间若有人病了，他该请教会的长老们来为他祷告，奉主的名为他抹油。出于信心的祈祷必能救那病人，主必叫他起来；他若犯了罪，也必蒙赦免。所以，你们要彼此认罪，互相代求，使你们得医治。义人祈祷所发的力量是大有功效的。"
>
> 雅各书5:13-16

我会为你祷告。"

这些话你多久听一次？这些话你多久说一次？做出这样的承诺之后，你多久祷告一次？作为基督徒，我们经常谈论祷告，我们声称，相信祷告能改变一切，但我们真的祷告吗？

你多久说一次，"唉，我不知道还能做什么，我想我会祷告的。" 为什么我们谈论如此之多的祷告，阅读如此之多关于祷告的书籍，学习如此之多的如何祷告，真正祷告却如此之少呢？我们真的相信祷告是与全能的宇宙之主沟通吗？我们真的相信当我们祷告的时候，我们与爱我们的上帝有亲密的沟通吗？祂创造我们是为了与祂沟通吗？我们真的相信，我们能为彼此做的事情，祷告是最恰当的吗？

入门

1. 1.你今天的祷告与你童年时的祷告有何不同?

> "替上帝与人说话是了不起的事情, 然而替人与上帝说话更了不起。"
>
> E. M. 邦兹

阅读雅各书5:13-18

祷告是基督徒生活中最基本的活动之一。我这小小本事中的一个, 是当年在母亲的膝下学会的, 然而, 这却是最伟大的神学家所思考的奥秘。

贯穿圣经, 我们被教导在任何时候、任何情况下, 都要不住地祷告。既然祷告只是与上帝沟通, 那么我们的祷告可以采取许多形式——请求、感恩、祈求、赞美、祝福、宣言和宣告。有些祷告是长篇大论的; 另一些则深扎于灵魂深处, 以致于无法用言语表达。有些祷告是全身心投入的活动; 另一些则是在其他活动中释放出来——走路、开车、园艺或工作。

祷告同时是我们莫大的特权, 也是我们莫大的责任。它定义和界定了我们基督徒的生活, 我们被赋予了祷告的特权, 不仅仅是为了我们自己和我们自己的需要, 也是为了彼此。

在这段经文中, 有几个希腊语单词被翻译成"祷告 (pray或prayer) "。在 (语法) 形式上, 他们中的大多数, 表明其动作正在进行, 换句话说, 就是"不断地祷告。"

2a. 这段经文意味着什么时候是祷告的适当时机?

b. 当你遇到麻烦时, 你第一个念头或反应是什么? 当你快乐的时候, 当你或朋友生病的时候, 你的第一个念头会是什么?

c. 这段经文告诉你祷告的力量是什么? 你真的相信吗? 为什么? 为什么不?

这段经文指出了两种形式的祷告, 即赞美和祈求, 从一世纪到现在这是教会的特点。首先, 基督徒要赞美他们的上帝, 赞美和敬拜的通用语言是歌唱。使徒保罗鼓励基督徒当用诗章、颂词、灵歌彼此对说, 口唱心和地赞美主。(见以弗所书5:19)。当用各样的智慧, 把基督的道理丰丰富富地存在心里, 用诗章、颂词、灵歌彼此教导, 互相劝诫, 以感恩的心歌颂上帝 (见歌罗西书3:16)。这样的歌唱反映了主在每个信徒心中的喜乐, 也是赞美和敬拜的中心。

3a. 我们可以通过哪些方式在个人的祷告中使用诗歌? 我们是在教会祷告还是彼此之间祷告?

b. 唱赞美诗歌是否仅用于这种祷告形式? 你还能在什么时候用歌唱作为祷告的方式呢?

c. 基督徒如何用歌声向世人表明耶稣基督是谁?

"教会向来是歌唱的教会。公元111年，比提尼亚总督普林尼写信给罗马皇帝图拉真，告诉他这个新兴的基督教教派，他说... '他们习惯于在某个固定的日子聚会，那时在天亮以前，轮流唱一首赞美基督为上帝的圣歌。' 在正统的犹太教会堂，自公元70年耶路撒冷沦陷以后，再也没有音乐，因为当他们敬拜时，他们就会想起悲剧；但在基督教会，从一开始到现在，有音乐和赞歌，因为基督徒把无限的爱牢记在心，并尽情享受当下的颂赞。"

威廉·巴克莱 [36]

除了歌唱赞美之外，雅各书中的这段经文着重于在需要的时候祷告——在患难、苦难、疾病或有罪时。每个基督徒有独具的特权，就是我们可以坦然无惧地来到主的面前，呈上我们的需要或其他人的需要，无论他们是大或小。我们确信，当我们在祷告中来到祂面前，我们会找到仁慈的大祭司，就是耶稣基督自己 (见希伯来书4:14-16)。

第13节提到，如果有人遇到困难或遭受苦难，他应该祷告，看来这是显而易见的，这应该是我们的即时反应。但正如我们在问题2中所看到的那样，其实很少。

4a. 列出一些你或其他人通常会遇到的困苦、苦恼或担忧，你通常为之祷告。

b. 列出一些你或其他人通常会遇到的困苦、苦恼或担忧，你很少或从未为之祷告，为什么？你忽略逐一为之祷告？关于你对祷告的信心，主的应允，或者你对这个问题的关注，又是怎么说的？

[36] 威廉·巴克莱，*雅各和彼得的书信*，第二版。每日研习圣经系列 (费城：威斯敏斯特出版社，1961)，152。

> *祷告，可以有多种形式，是对喜乐和苦难最恰当的回应。*

正如前一章所提到的，圣经清楚地表明，并非所有的疾病都是由特定的、个人的罪引起的。然而也很明显，有些疾病却是因为个人的罪造成的。雅各书5:14-16关注的祷告，是为了医治因罪导致的疾病。从经文中的希腊语语法来看，这种解释似乎很清楚，特别是在三个地方。首先，第15节中的"若 (if)"一词是引入可能性很大的条件从句。虽然雅各不能绝对肯定这个人犯了使人软弱的罪，但他知道这是可能的。这个短语可以翻译成，"若他犯了罪，他很可能已经…。"[37]

其次，动词"犯 (committed)"的时态指的是发生在过去的、带有持续结果的动作。在这种情况下，过去犯下的罪仍然控制着这个人，表明他们有未承认的罪并持续了很长一段时间，源于对圣经真理的反叛。这样的罪常常导致虚弱、疾病甚至死亡。

最后，第16节中的连词"所以 (therefore)"总结了之前发生的事情，雅各对他的读者的警告是"所以"。明白了这个道理，他们必须承认自己的罪，这样才能得到医治。

有时候，我们知道我们带着罪，会导致疾病，这需要认罪。然而，罪往往存在了时间很长，或是已经成了我们生命的组成部分，以至于我们真的对它视而不见。因此，几乎任何疾病，尤其是对医学治疗似乎没有效果的疾病，在这种情况下，考虑雅各的建议是有道理的，在祷告医治期间，藉着识别能力和圣灵，也有必要去发现这种情况。

5a. 第14节提供了重要建议。这是什么? 病人的责任是什么? 长老的责任又是什么?

---

[37]加里·范德雷特，"祷告生活的技巧"，雅各书5:13-20布道，宣讲于1987年3月22日，(加利福尼亚州帕洛阿尔托: 半岛圣经教堂，1987年)。

b. 你常常亲自请求你教会长老为病中的你祷告吗? 为什么这么多人不愿意接受这个建议?

> "为病人祷告必须从活生生的信德开始, 并有活生生的信德伴随。祷告的人和被祷告的人都要有信德。"
>
> 马太·亨利 [38]

[38] 丘奇, 编辑, 1938年。

这段经文的第一部分建议, 要长老或教会领袖为病人祷告, 但后一部分鼓励信徒互相认罪, 彼此祷告, 这样他们就可以治愈。基督身体的医治事工并不局限于领袖, 虽然他们确实起了重要作用, 并且是完全必要的。上帝在祂的身体里, 就像祂在人的身体里一样, 具备自我医治的能力。我们可以彼此祷告, 期待上帝作工。

6a. 你个人是否相信祷告的医治能力? (说实话!) 为什么? 为什么不? 你的信或不信如何影响你的行动?

b. 当我们祈求上帝医治时, 上帝总是按照我们的要求来医治我们吗? 关于祷告效果的说法, 你是怎么认为的? 请解释你的回答。

c. 当上帝没有像我们所要求的那样医治我们, 我们能得出什么结论? 上帝还可能在做什么?

> "...有时上帝以这样的方式行事, 以至于对身体治愈的唯一满意解释就是祂的直接干预。但是, 经上帝直接干预的康复并不总是立时或完整的。我们主的触摸, 不是所谓的治疗师经由任何噱头或央求而得来的。正是上帝对信徒诚挚祈祷的回应, 才带来医治, 且是为我们主的荣耀。"
>
> *理查德·梅休*[39]

7a. 什么是"凭信心祷告"? 你怎么知道你是凭着信心祷告的呢?

b. 认罪, 对于我们祷告见果效的能力, 起到什么作用, 无论是为我们自己还是为别人?

c. 阅读以下经文, 列出一些有效的祷告生活的条件。

　1.　2历代志下7:14

　2.　耶利米书29:13

　3.　马可福音11:24

---

[39] 理查德·梅休, "上帝还医治吗?," *穆迪月刊*, 1989年3月, 第40期。

4. 马可福音11:25

5. 约翰一书3:22

d. 这些行为如何证明我们是天国的承运人？

> *有果效的祷告总是与上帝的品质、祂的旨意和祂的应许相一致。*

阅读约伯记42:7-10

上帝在试炼约伯的时候, 他的朋友个个都试图找出约伯遭难的原因, 他们都责怪约伯, 甚至没有劝慰。

8. 从这段经文中我们得到什么引以为戒的? 我们怎样才能最有效地支持正经历艰难时刻的朋友?

9a. 雅各所说的基督身体, 其在接受认罪和为病中肢体祷告中的作用, 与保罗把教会比作身体有什么联系? (参见第2课)。考虑到这个类比, 为什么说基督徒彼此之间隐藏罪和软弱毫无意义?

b. 这段经文对成为本地教会的忠诚信徒的重要性意味着什么?

> "如果我们身子有肢体生病, 该肢体就会呼救求助, 而其他肢体都会援之以手, 身子的所有资源都集中在一个肢体的需要上。因此, 软弱的肢体得益于整个有机体的力量…我们的教会不应该像不可触摸的主教大教堂, 而应该像拥挤的医院, 那是流血的地方, 不是给人看的纪念碑。"
>
> 加里·范德雷特 [40]

10a. 为另一个人祷告通常是私下或与其他基督徒一起进行的活动。世人怎能知道我们彼此祷告的力量呢? 我们彼此的祷告如何向世人表达上帝差遣耶稣并爱他们?

b. 有些人你应该为之祷告, 但你尚未为之祷告, [41] 请把这些人的名字列出来。你为什么不为他们祷告? (你的查经小组成员、你的家人、同事或邻居呢?) 现在正是开始的好时机。

---

[40] 范德雷特, 3。
[41] 注意: 这个问题与你不为之祷告的人有关。上述问题4与*困难、矛盾或担忧*有关。

> *开放、分享、关怀的教会将是身体上、心理上和精神上健康的社区，将吸引受伤的世界。*

祷告确实是基督徒信仰的一大奥秘，这是世人无法理解的。我们无法领会，我们口中的几句话怎能摇动全能上帝的心和手。但为什么不能呢? 祂是慈父，祂渴望给祂的孩子们好礼物，并且乐于看到祂的孩子们彼此看顾。当我们为别人祷告时，我们的天父很乐意介入。祷告，比我们学习过的任何其他行动，更能将人的经历与超自然力量联系在一起，与上帝结成神圣的伙伴关系。因此，对于我们所爱的人或面对的人，其任何需要，祷告是最佳和最恰当的回应。

背诵经文：雅各书5:15-16

"出于信心的祈祷要救那病人，主必叫他起来；他若犯了罪，也必蒙赦免。 所以你们要彼此认罪，互相代求，使你们可以得医治。"

彼此饶恕

> *"并要以恩慈相待，存怜悯的心，彼此饶恕，正如神在基督里饶恕了你们一样。"*
>
> *以弗所书4:32*

遭受不应有的不公平待遇，还有比这更让人揪心的吗? 这种不公，不管是一种刻意的轻率，还是故意的言行失检，都对我的感受毫不在乎，这些都让我深感厌恶。如果不予理会、不讲讲清楚，这不饶恕的苦楚，就会在我自己的灵里像毒瘤一样蔓延，耗尽我与上帝、与同伴、甚至与我自己的关系。

这种毒瘤的解药是什么呢? 简单一词，行之惟艰，饶恕也。

入门

1. 想想你童年某个时候，你不公正对待一个人，需要被宽恕。随后发生了什么? 在你被宽恕之前你感受如何? 之后呢?

> "当怨恨挥之不去时，不要让我们陷于诱惑，去相信我们已经真的饶恕了…"
>
> 凯瑟琳·泽尔
> 《怜悯诗》(1558)

阅读以弗所书4:31-5:2

2a. 保罗建议我们在饶恕之前必须做些什么？

b. 保罗假定以弗所的教会有某些特征。他们可能在某种程度上也出现在你的教会里，使用字典来定义以下单词：

1. 苦毒

2. 愤怒

3. 恼恨

4. 嚷闹

5. 毁谤

6. 恶毒

c. 面对信主的同伴或你的家人，你经历过哪些情绪或态度，请举一个或多个实例。当你抱有这些态度时，你有什么感受？这对你和上帝的关系有什么影响？

> *消极的态度，尤其是不饶恕，阻碍了圣灵在我们生命中的工作。*

翻译过来的单词"除掉 (put away或get rid of)"是希腊语单词的被动祈使形式，意思是"带走或搬走"，这不仅意味着这是个一次性的动作，而且是我需要亲自做的事情。我们要做的只是除掉这些态度，没有任何借口。

3a. 对于不公正对待我们的人，我们怎样才能一劳永逸地除掉其消极态度？

 b. 这种行动说明，有必要判断我们的态度及其我们自身。在诸如痛苦、愤怒或愤怒等消极态度之下，有哪些可能的根源？

很多时候，当我们试图摆脱旧的习惯和行为时，我们似乎做不到。几天、几小时甚至几分钟之内，同样的态度赫然而现，往往显得比以前更厉害。这只不过是我们灵魂的敌人撒旦在充当的角色，牠是弟兄们的控告者。这时候，重要的是我们必须确保穿上上帝的全副军装 (见以弗所书6:10-18)，且能站立得住。决不上当，误以为你对别人的饶恕是不真实的。决不专注于你可能仍然感受到的伤害，也决不变得苦毒。相反，仔细思考歌罗西书3:1-10，要认识到，获得饶恕的感觉是个过程，往往需要很长时间才能完成。

阅读以弗所书4:32

4. 在这里，保罗从我们不该做的事转向我们该做的事。他说我们彼此之间应该持哪两种态度？

希腊语单词"要"的意思是"成为, 放弃一种心理状态, 走向相反的方向。"[42] 这意味着一个过程, 而不是一次性的行动。想像一下这画面: 离弃那些消极态度, 直走向恩慈和怜悯。要同时放弃和抓住某样东西是不可能的。

"恩慈"一词是chrestos, 也被翻译成"容易"(见马太福音11:30)、"善"(见哥林多前书15:33)和"恩"(见彼得前书2:3)。其词根的意思是"提供所需要的"。这是个动作词。相关的词是christos, 这个词翻译成"基督"。

5a. 在第31-32节的语境里, 描述一些我们以恩慈相待的方式, 即"提供所必需的"或"像基督一样彼此相待"。

b.   为了恩慈相待, 我们需要放弃什么? 当我们觉得自己缺乏恩慈时, 我们如何才能获得充分的恩慈(见加拉太书5:22)?

> "恩慈的原则是顺从基督。我们没有什么站得住的, 没有什么该要的或该索取的, 我们只需要付出。当主耶稣死在十字架上时, 祂这样做并不是为了捍卫我们的'权利', 乃是祂把恩典带到了那里。现在, 作为祂的儿女, 我们总要尽量付出, 别人应得的, 我们要给, 而且给得更多。"
>
> 倪柝声 [43]

[42] 肯尼思 S. 维斯特, *维斯特希腊新约圣经词汇研究*, 第一卷 (密歇根州大急流城: W.B. 艾德曼出版公司, 1986) , 117。
[43] 倪柝声, *坐, 走, 站*, 第4版和修订版。(宾夕法尼亚州华盛顿堡: 基督教文学十字军, 1973年) , 27。

翻译过来的"怜悯 (compassionate或tenderhearted)"一词, 其意思是"富有怜悯心, 同情, 或温柔"。这个词在新约中只用了两次。(另见彼得前书3:8) 其词根是两个字, 字面意思是"好心肠"。这个词更多地涉及情感而不是行动, 是一种"整体人格在最深层的表达"。[44]

6a. 在第31-32节的语境里, 描述一些我们可以互相怜悯 (或同情) 的方式。

b. 当你能对别人表示 (感受) 怜悯时, 你内心会发生什么? 当你拒绝表示怜悯和饶恕别人时会发生什么?

[44] 格哈德·基特尔、格哈德·弗里德里希和杰弗里·威廉·布罗米利, *新约神学辞典* (密歇根州大急流城: W.B.艾德曼, 1985), 1068。

最常翻译成"饶恕"的希腊单词是aphiemi。这个词的意思是"放出"或"抛开",表示惩罚被免除了,该惩罚是由于罪恶的行为造成的,并且意味着,在给予饶恕之前必须满足某些条件。这个条件词在新约中被使用了146次,用来指上帝饶恕我们的罪,因为代价已为之付出,满足了祂公正律法的要求。

然而在这段经文,希腊语用于"饶恕"的词是charizomai,意思是"无偿提供或无条件地赐予恩惠"。其词根是charisma,意思是"恩赐 (gift)"。在新约中只使用了23次,其含义是恩典的工作。

7a. 为什么无偿无条件饶恕一个伤害过我们的人如此困难? 为什么圣经里的这个饶恕的词charizomai比普通使用的饶恕这个词aphiemi更难呢?

b. 我们予以饶恕的模式charizomai是什么呢? 在基督为我们的罪死之前,人类需要做什么(见罗马书5:6-11)?

c. 甚至在错误或由此造成的伤害被承认或识别之前,我们就需要彼此饶恕,这说明了什么?

> 只有被饶恕的人才能真正去饶恕。作为一个信徒,我已被饶恕。我的标准比上帝的标准高吗?

饶恕他人似乎很难，但也可以简单，就像把别人欠你的合法债务转移给耶稣一样简单。并不是说犯错是可以的，可以让债务人逍遥法外，这只是把债务转移给耶稣，由祂决定如何收取。但这对你不再重要，因为你不再持有债务。最重要的是，当耶稣承担了债务，就由祂提供兑换。祂给你一些更有价值的东西——自由，平安，喜乐。问问祂还有什么可以为你兑换的。

保罗用charizomai这个词，为我们最难以饶恕的人或事提供了秘诀。这种无条件的饶恕在处理一个现在已经去世、已经搬走或无法与之接触的人所造成的伤害时尤其重要。这甚至可以适用于伤害你的机构，如你觉得委屈你的教会或工作。在这种情况下，我们不能指望赔偿，甚至道歉，所以饶恕的全部责任是我们的。我们只能提供饶恕charizomai。有时，当我们觉得上帝对我们不公平时，我们甚至需要饶恕上帝。

8a. 在基督身体里有谁需要你去饶恕的？这个星期就这么做吧，你是否需要饶恕已与你失去联系的人？祈求上帝帮助你一劳永逸地做到这一点。

b. 有没有谁是你曾经错待过的，你需要得到他的饶恕吗？如果道歉是应该的，那就道歉。请求饶恕，做任何必要的和可能的补偿，*把结果留给上帝。*

c. 在你的生命里，有没有你对上帝怀有苦毒的地方？悔过吧，并接受祂对你的美好计划。

阅读歌罗西书3:12-14

这段经文为饶恕的命令又增加了一个维度。这里告诉我们要"彼此包容 (bear with each other 或 forbear one another)"，这个词的意思是"耐心地忍受"或"容忍、忍耐"。

9a. 通常，我们身边有人经常有令人讨厌或有害的习惯、模式或生活方式，这会给我们带来持续的痛苦、伤害或挫折感。根据第12节，我们应该表现出什么样的态度和行为，来帮助我们能持续与这种人打交道？

b. 在我们采取这些行为和态度之后，我们必须做什么？

c. 在"穿上"所有这些美德之后，什么样的行为能使我们合而为一？这跟饶恕有什么关系？ (见哥林多前书13:4-8a)。

d. 我们继续饶恕这样的人，需要多久一次或持续多长时间？(见马太福音18:21-35)。

10a. 基督徒的饶恕，包括恩慈、怜悯和忍耐，与世人对待不公正现象的方式有何不同？

b. 究竟怎样才能让一个不信耶稣基督真理的人相信这个合而为一的典范？

c. 如何能使之成为天国的标志？

d. 这个星期你需要采取什么措施来恢复破裂的关系？

> "基督徒会发现饶恕比怨恨更有价值。饶恕可以省下愤怒的花费，仇恨的代价和精神的浪费。"
>
> 汉纳·莫尔 (1745-1833)

饶恕从来都不容易。当错误是单方面的，犯错的人很少或根本不考虑我们的感受时，这就特别困难了。如果我们知道错误会一次又一次地重演，那就更加困难了。然而，专注于这些合理化的理由只会带来自义和苦毒，而不是治愈。只有饶恕才能治愈我与他人的关系，我与上帝的关系，以及我与自己的关系。

上帝啊，求你赐我无条件饶恕人的恩典，正如你饶恕了我一样。

背诵经文：以弗所书4:32

"并要以恩慈相待，存怜悯的心，彼此饶恕，正如神在基督里饶恕了你们一样。"

彼此担当

第 9 课

> "弟兄们，若有人偶然被过犯所胜，你们属灵的人就当用温柔的心把他挽回过来；又当自己小心，恐怕也被引诱。你们各人的重担要互相担当，如此就完全了基督的律法。人若无有，自己还以为有，就是自欺了。各人应当察验自己的行为，这样，他所夸的就专在自己，不在别人了；因为各人必担当自己的担子。"
>
> 加拉太书 6:1-5 EVS

你最好的朋友刚承认，她最近和一个教会成员淫乱。他们如今都已悔改，决心不再让这种事情发生，她甚至转到另一个教会，以避免与他再有任何可能的接触。但她老是想着这事儿，她铸成的大错和挥之不去的罪的念头，使她深深感受到谴责。而你对她会有何反应？

新约中的一个奇妙真理是，忏悔的罪人随时可以得到和好与挽回。另一个奇妙真理是，信徒们以接受彼此帮助的方式，过敬虔的生活。本篇将会讨论这两个真理。

入门

1. 你或你的家人曾经骨折过吗? 描述一下从受伤到完全康复的过程。

> "任何遭受过骨折的人都知道, 固定骨头是剧痛的手术, 需要外科医生最精湛的技术技能。饶恕并挽回破碎的灵魂并不容易, 无论是对饶恕者还是被饶恕者。为了我们得饶恕, 让耶稣付上十字架的代价, 我们这群跟随基督的人还有必要想着安逸与宁静吗? "
>
> 威廉·布莱克伍德 (1804-1893)

阅读加拉太书6:1-5

这些熟悉的新约经文, 说的是挽回与和好, 应用于各种情况。"被…所胜 (caught或over-taken) "是希腊单词, 意思是"突然受到攻击"。可想而知, 如果信徒处于无戒备状态, 入侵者就打他的主意了, [45] 这意味着例外而不是生活方式, 可能是因过失而非明知故犯的罪。此外, 希腊语"罪 (sin) "一词的意思是"对真理和正直的过失或偏离", [46] 同样意味着无意的错误或孤立的有意犯错, 而不是罪的生活方式。

希腊语用于"挽回 (restore) "的单词与用于修补渔网或固定骨折的单词相同。其含义是, 使之适合, 或装备齐全, 这里不仅意味着挽回其基督徒圈内的地位, 而且还意味着他内在灵性上的康复。

---

[45] 葡萄藤, 154。
[46] 塞耶。第7335段。

2. 第1节关于在基督身体里我们关系的开放，其含义是什么？你怎么知道的？

3a. 当我们发现基督徒同伴陷在罪里，我们的首要目标是什么？该目标会顺势消除什么样的态度？

b. 在这种情况下，谁承担主要责任？

c. "你们属灵的人" 当中包括了谁？会一直是相同的人吗？为什么？为什么不？

d. 属灵的人如何进行这挽回工作？这是什么意思？

> "既然每个肢体的每一桩罪都会加剧整个教会的重担和控告，兄弟的罪会造成那么多的痛苦和重担，教会的其他肢体这时就应当为自己有担当和饶恕的特权而感到欣喜。"
>
> 迪特里希·朋霍费尔 [47]

---

[47] 邦霍弗和多伯斯坦，103。

4a. 在你自己的生命里, 什么样的态度或行为会阻止你履行这个诫命?

b. 保罗建议我们要如何在自己身上抵制这些态度, 以确保我们是在正确的灵里行事 (1, 3-4 节) ? 这是什么意思?

c. 在保罗的时代, 法利赛人所代表的态度, 与保罗在这里呼吁的恰恰相反。他们信仰并事奉上帝, 但受到文士和法利赛人的束缚。在下表中, 对比 "属灵的人" 和法利赛人的一些行为和态度。(如果你不熟悉法利赛人, 请读马太福音23章。)

属灵的人	法利赛人

> "没有什么比文士和法利赛人对待那些负罪之人的样子更能揭示他们的邪恶了。"
>
> **沃伦 W. 威斯比** [48]

5. 在挽回过程中给予帮助,保罗为此提出了什么切实可行的建议?

---

[48] 沃伦 W. 威斯比,*自由:加拉太书的解释性研究,*输入本 (惠顿,伊利诺伊州:维克托图书, 1975), 140。

虽然通常翻译成同样的英语单词, 但第2节和第5节中"重担/担子 (burdens)"的希腊单词有着不同的含义。在第2节, 希腊语中的单词是baros, 意思是沉甸甸的千钧重担或重重压下来的分量。这重量对人的物质或精神资源造成过度的重压。在这种情况下, 这很可能指的是, "凡在灵里欺压人的, 就是要挟他犯罪, 或使他陷在罪里。"[49] 也就是说, 这导致了罪, 就是本章所介绍的。然而, 这也可以指的是身体上、情绪上或经济上难以置信的重担。不过, 第5节中的单词是phorition (担子), 大致上不需要考虑重量, 经常被用来指船上的货物, 士兵的行囊, 或母腹里的孩子。这里只是说明上帝指派给人的任务。

6a. 既然对希腊语有了这样的理解, 我们应该彼此帮助来担当什么样的担子? 我们自己要担当什么样的担子?

b. 从你自己的生命中举出一个例子, 说明你必须独自担当的担子phorition。

c. 举一个你生命中的例子, 你需要或最近需要帮助担当的重担baros。

d. 请阅读马太福音11:30。你认为基督的重担/担子是baros或是phorition吗? 为什么?

---

[49] 赫尔曼 N. 里德博斯, *保罗写给加拉太教会的书信*, 新约的新国际评论 (大急流城, W.B. W.B.艾德曼出版公司, 1953, 213。

这两节经文, 担当 (bear或carry) 的意思是伸出援手, 帮助抬起沉甸甸的担子, 但这不涉及重担的转让。第二节的时态是祈使句, 这是命令。当我们看到需要时, 我们必须帮助。另一方面, 第5节中的时态仅仅是指示性的。

7a. 当我们愿意继续担当彼此的重担时, 我们能履行什么?

b. 基督的律法是什么 (见约翰福音13:34) ?

c. 基督对我们的爱和祂命令我们履行爱的律法, 这两者有什么相似之处?

d. 你很难服从这个命令吗? 为什么是或为什么不是?

> 那些被沉甸甸的担子压得喘不过气来的人们, 当我们帮他们减轻负担, 基督徒的爱就显明了。

8a. 这些经文要求我们 (1) 挽回那些陷在罪里的人，(2) 安静、和蔼地帮助他们，并彼此担当重担，(3) 杜绝骄傲，(4) 每个人都担负自己的责任。这与世界的方式有何不同？

b. 这与我们当地许多教会处理犯了罪的人的方式有何不同？你能举一个妥善处理情况的例子吗？处理不当的情况呢？

c. 在这段经文，你觉得什么才是最大的见证，来向世人证明父遣子来到世界并且爱每一个人？为什么？

d. 如何挽回和彼此担当是天国的宗旨，那是怎么回事？看到所起的作用，会给世界传递什么，或者至少给你所在的世界小角落传递什么？

e. 分享你需要帮助或祈祷的地方，使你能更好地顺从这四个方面的诫命。这个星期你需要采取什么行动？

> *就就像折断的骨头，被罪缠住的基督徒需要有适当的治疗并得到帮助，直到完全治愈，使这个折断的骨头在体内得到完全恢复。*

我们向世人展现耶稣，其中最有力的方式，就是与那些犯了罪的人打交道。有爱心的挽回，大大不同于世上变幻莫测、取巧获胜的伎俩。同样，挽回不只是一次性行动，而是只要有需要，就提供帮助，让敬虔的生命展现出来，充分体现耶稣为我们寻求的合而为一。当我们履行爱的律法，世人将开始看到在我们里面的耶稣。

背诵经文：加拉太书。6:2

"你们各人的重担要互相担当，如此就完全了基督的律法。"

彼此顺服

第 10 课

> "又当存敬畏基督的心，彼此顺服。"
>
> 以弗所书5:21

说起顺服，在美国人的词汇里，很少有单词能产生如此消极的情绪。我们不喜欢顺服。其实是，我们不但不想考虑顺服或谈论顺服，我们也不想为顺服祷告！我们试图搪塞过去，我们设法佯装未见，我们处心积虑地抵抗它。但在圣经里却是一遍又一遍告诉我们。那我们该如何调和我们的文化情感与圣经关于顺服的诫命呢？我们如何放弃顽固的抵抗，服从这看似困难而必须做的事呢？

入门

1. 小时候，你对父母的态度如何？你有多乐意地向他们顺服？

> "自我意志是如此的慷慨激昂、神气活现，巴不得把世界捏碎成凳子，然后坐在上面。"
>
> 里查德·赛斯 (1748-1810)

阅读以弗所书4:1-6:9

在以弗所书4:1至6:9,使徒保罗劝勉教会过圣洁的生活。祂以该教导为开始,敦促以弗所的基督徒"行事为人就当与蒙召的恩相称"(以弗所书4:1),其重点在于获得和保守圣灵所赐合而为一的心。保罗提醒信徒:"身体只有一个,圣灵只有一个,正如你们蒙召同有一个指望;一主,一信,一洗,一神,就是众人的父,超乎众人之上,贯乎众人之中,也住在众人之内。"(见以弗所书4:4-6)。祂接着描述了教会领袖的角色,以及基督身体的功能,和每个信徒的力求成熟(见以弗所书4:11-16)。关于无愧于基督的圣洁生活,随后在以弗所书4:17-6:9有实例。

以弗所书5:21介绍了一个关键的概念,既是对前面教诲的总结,也是对下文的介绍。

2a. 这个关键概念是什么?

希腊语"顺服(submit)"一词原是军事术语,意思是"列队于…之下",或"陈兵列阵;在长官的指挥下组织、排列或结集军队战船。"这个时态需要反身(代词)翻译,就是"彼此顺服对方",与自作主张或独断专横的本性正好相反。充满圣灵的生命应该被充分表现出来,这只是其中一种方式。

b. 保罗关于基督身体里合而为一的教导与彼此顺服有何关系?请把这个概念和人体联系起来。

3a. 保罗在第21节给出我们需要顺服的理由是什么?

b. 请阅读腓立比书2:1-8。耶稣如何为我们作顺服的榜样？基督如何看待上帝的神性（Godhead）？我们该如何看待彼此？

> *顺服的关键是谦卑。骄傲的人不会顺服于他人，只有谦卑的人会顺服。*

事实上，整个天地万物的秩序，因循顺服，都是从三位一体开始的。神的位格中，子顺服于父（见路加福音22:42, 约翰福音17:4, 8, 10），圣灵顺服于子（见约翰福音16:13-15）。

所有被造物都臣服于上帝。虽然星罗棋布但并非各行其道，而是自亘古以来一直在严格的轨道上旋转。植物服从于它们被造物的本质，只在它们适应的地方生长，并按照上帝指定的时间和方式繁殖。动物，像植物一样，屈从于上帝的计划，也发展出顺服的自然秩序，例如，捕食者和猎物或谷仓啄食等顺序。

人类，上帝创造之冕，只有遵循上帝命定的模式才会兴旺。上帝创造了基于秩序的社会，祂是万有之主，祂也是通过带领和顺服来维持秩序的。

> "学习将心志归顺并融入到上帝的旨意里面，则大有所益，拔群出类。这样的灵，在自己里面有常守的安息日，他的意念稳固而又安宁。"
>
> 约翰·弗拉韦尔(1627-91)

顺服不是对某些人的惩罚和对另一些人的提升，而是旨在维护全人类的秩序和尊严。这种尊严建立在一个基本概念，即上帝的形象（*imago Dei*）。

阅读创世记1:26-27

4a. 这个重要的概念如何使彼此顺服更容易?

b. 在基督的身体里, 你最难顺服谁 (或什么样的人) ? 为什么?

c. 你从腓立比书2:1-8和创世纪1:26-27学到什么来帮助你? 这星期你可以采取哪些具体措施来改变你的态度和行为?

> *由于敬重每个人身上上帝的形象, 就能以正确的态度顺服。我不仅仅是顺服另一个血肉之躯的人, 而是顺服一个像我一样, 以上帝的形象被创造出来的灵魂。*

以弗所书5章的其余部分讲述了顺服的具体例子。类似的教诲见于歌罗西书3:18-4:1和彼得前书2:13-3:9。生活在现代化美国的我们往往对圣经里所举的许多例子感到不开心，有一点很重要，那就是该教导在一世纪是革命性的，当时大多数妇女、儿童和奴隶被认为仅仅是财产，尤其是在外邦教会。保罗和彼得实际上是提升了弱势群体的价值，例如吩咐给丈夫和奴隶主的诫命，这些都肯定了每个人身上上帝的形象，而不是这些人的权势或地位。

5a. 在以弗所书5:22-24，要求妻子表现出什么样的行为和态度? 为什么?

b. 什么是她顺服的样式?

c. 谁为确保妻子的顺服而负责? 为什么?

d. 对你的丈夫，你顺服的程度如何? 如果你在这方面有问题，祷告用你内在的洞察力来清楚你为什么有这样的态度。然后祷告并定意顺服你的丈夫，不是基于他的优点，而是听从基督。

6a. 每个丈夫受命于做什么? 什么是他的榜样?

b. 保罗对丈夫的诫命要求他们要怎样顺服? 对丈夫有什么要求? 这对他们个人意味着什么?

c. 谁有责任来确保丈夫如他受命的那样来爱妻子? 为什么?

d. 你爱你的妻子爱得有多深? 如果你在这方面有问题, 祷告用你内在的洞察力来看清楚你的自私。然后定意爱她, 不是基于她的优点, 而是顺服基督。

如果丈夫爱妻子如同基督爱教会, 妻子顺服丈夫如同顺服基督, 我们在教会里的夫妻不和就会少很多。那么, 世人就不会置疑上帝的大能。

7a. 对儿女有什么要求? 为什么?

b. 对父母有什么要求?

    1.

    2.

c. 谁对儿女的顺从负责? 是因为父亲的态度和行为吗?

d. 如果你仍然和父母住在一起, 你对他们有多服从? 如果你不再和他们生活在一起, 你对他们有多孝敬? 如果你在这些方面有问题, 祷告用你内在的洞察力来看清楚你的不顺服或叛逆。然后定意顺从和孝敬你的父母, 不是基于他们的优点, 而是要服从基督。

e. 你如何惹恼你的孩子或激起他们的愤怒? 如果你在这些方面有问题, 祷告用你内在的洞察力来看清楚你为什么有这样的态度。然后决定拿出处理这些问题的新方法。

> "一切美德都是从顺服和遵从中产生的, 正如一切罪恶都是从固执己见和自我意志中产生的一样。"
>
> 米歇尔 E.德蒙田
> 法国散文家(1533-92) [50]

由于我们的国家现在不再有"奴仆"和"主人", 许多人略过第5至9节, 如今应当从员工和雇主的角度来考虑他们。许多解经家认为, 这些经文是写给为异教徒主人工作的基督徒奴隶的, 这与今天的许多就业情况没有什么不同。

8a. 员工应该如何对待他们的雇主? 具体而言, 这对你来说意味着什么? 请为这方面的难处予以祷告。

b. 雇主或上司应该如何对待员工? 具体而言, 这对你来说意味着什么? 请为这方面的难处予以祷告。

9. 我们彼此的顺服如何能让不信耶稣的人相信耶稣爱他们, 并值得他们深思呢?

---

[50] 米歇尔E.德蒙田, https://www.bartleby.com/348/authors/378.html (访问日期: 2020 06 24)。

> "彼此担当"早期教会是人们彼此恭敬互相尊重的教会。保罗说，这种彼此恭敬互相尊重的原因是他们崇敬基督。他们彼此相识，不是看他们的职业或社会地位，而是看基督；因此他们看到了每个人的尊严。"
>
> 威廉·巴克莱 [51]

在基督徒生命里，顺服是最棘手的问题之一。然而，一旦明白了，每个人在基督里就得着了自由的能力。当我们双方彼此顺服时，世人就看到了我们生命里的情形。随着时间的推移，一些人会乐于思考耶稣基督在十字架上功效的重要性了。

阅读罗马书13:1-8

在这个政治纷争的时代，这段话可能最令人困扰，不管我们的政治主张如何，我们对此感到恼火。社交媒体鼓励我们抨击反对党的官员，我们已经从公民言论自由变成明目张胆的粗鲁无礼，却美其名曰这是"我们的权利"。可能还会有公民抗命的时候，但我们需要非常小心何时以何种方式参与。

保罗在尼禄统治时期 (公元54-68年) 写了罗马书，尼禄是最卑劣的罗马皇帝之一，他喜欢把基督徒送到狮子面前，或者把他们的身体当作人体火把。当尼禄的养父克劳迪斯在公元41年将所有犹太人驱逐出罗马时，保罗不顾自己的公民身分、财产和生意正在给被毁的教会写信。由于当时教会领导层大多是较为成熟的犹太信徒，但因着犹太人被驱逐，就突然需要外邦信徒来担任领导层的情况下，教会为此而挣扎。然后犹太人在公元53年被允许返回时，教会已今非昔比，又需要重新融合那些生活被打乱的犹太信徒。

10a. 保罗说谁建立了权柄？他指的是哪个掌权的？

---

[51] 威廉·巴克莱，"威廉·巴克莱每日圣经查经"*在每日查经系列--修订版1976年*)。https://www.studylight.org/commentaries/dsb.html (访问日期: 2020 06 24)。

b. 保罗是怎么说关于不顺服的? 保罗可能指的是什么样的不顺服? (见马太福音5:22, 27, 38-42, 43-48)。

c. 关于不顺服保罗认为可能会发生什么? 把它翻译成21世纪的术语。

d. 我们为什么要顺服?

e. 保罗关于尊重标准是什么(第7-8节)。

11a. 你最想反抗的权柄是什么? 为什么?

b. 向保罗 (和上帝) 解释你的称义, 并写下他们对你的回应。

c. 是否有反抗政府权柄的地方需要你忏悔? 请现在就这样做。

d. 你对那些你不同意的政府官员有何敬虔的回应? (另见提摩太前书 2:1-4)

12a. 你对政府官员的敬虔回应如何向世人展示一种不同的思维和存在方式? 就此怎么能让人相信父遣子并且爱他们呢? (约翰福音17:23) 。

b. 怎么向人表现出天国的态度?

背诵经文: 以弗所书5:21

"又当存敬畏基督的心, 彼此顺服。"

彼此服侍

第 11 课

> "弟兄们，你们蒙召是要得自由，只是不可将你们的自由当做放纵情欲的机会，总要用爱心互相服侍。"
>
> 加拉太书5:13

你知道吗? 我的老板让我火冒三丈啊! 他整天在我的内线电话里叫嚷。'朱迪，给我来杯咖啡。''朱迪，打电话给克利夫兰。''朱迪，合同准备好了吗? ''朱迪，趁我不在的时候把我的桌子清理干净。''朱迪，朱迪，朱迪……! '他怎么能什么事情都指望我来做呢? 他傲慢的态度把我逼疯了! 我想不出还有什么比当助理更低贱的了! "

"我确实搞不懂这些人，我在这里带查经，他们却什么都让我做，我为他们做了这么多，他们至少可以留下来打扫干净，或者带些点心，或者早点来煮咖啡什么的，但他们什么都不做。"

现如今，这些人所表现出的态度司空见惯，不仅在世俗世界，在教会也是如此。领袖期望得到服侍，信众讨厌服侍。不知何故，服侍别人变成了情绪化的议题。服侍似乎是在为服侍者和被服侍者标价，一个人越重要或越富有，他就能命令更多的人为他服侍。一个人越不重要或越不富有，就越有人希望他为别人服侍，有史以来皆如此。然而，有一位领袖打破了这些想当然的说法。

入门

1. 这世上你最讨厌什么工作或任务? 为什么?

> "爱的目的是服侍, 不是索取。"
>
> 伍德罗·威尔逊

阅读约翰福音13:1-17

这个众所周知的故事发生在"逾越节前夕"。大多数解经家认定在星期四晚上, 当时耶稣和祂的门徒一起分享他们最后的一餐。这是没什么不一样的用餐, 只是在那里安排了主的晚餐。

耶稣知道祂公开的事奉已经结束, 现在要把注意力集中在祂最爱的人身上了。祂完全知到接下来几天要发生的事情。祂也知到, 犹大这个坐在祂旁边的朋友和门徒, 很快就会离开筵席背叛祂。面对世上的最后时刻, 祂决不会跌入黑暗之中。然而, 即使祂知道祂受辱时刻即将来临, 祂也知道祂的荣耀时刻将接着而来。

大多数人, 知道了耶稣所知道的, 可能会充满骄傲; 他们当然希望得到服侍、照料、关怀和尊重。然而, 耶稣本可以感到至高无上的骄傲, 却表现出无比的谦卑。爱就是这样。

2. 如果你知道在接下来的24小时内你将面临可怕的迫害和死亡, 你最关心的是什么? 在这样的时刻, 你是想服侍还是被服侍? 为什么?

3a. 第3节告诉我们, 耶稣知道他是谁, 他要到哪里去。他知道1) 他的大能, 2) 他的身分, 3) 他的目标。知道这些, 并没有使他自高自大, 反而促使他屈尊为朋友服侍。关于我们是谁, 我们从圣经中学到了什么?

    1.   我们的能力 (见马太福音28:18-19) 。

    2.   我们的身分 (见彼得前书2:11, 加拉太书3:26--4:7, 罗马书8:17) 。

    3.   我们的目标 (见约翰福音3:16, 6:40, 罗马书6:23, 约翰福一书5:11-13) 。

b. 这种自我认知如何能够促使我们谦卑地服侍?

> *对我们是谁和我们要去哪里有充分根据的把握, 这将使我们保持谦虚并使他人随时获益。*

晚餐准备好的时候, 耶稣做了些完全出乎意料的事情。他从桌旁站起来, 脱下外衣, 只裹上仆人的腰带, 开始给门徒们洗脚。

洗脚并不是不寻常的运作, 而是普通的日常运作。尽管人们出门前会在家里或公共浴场洗澡, 但他们的脚, 因为只穿着便鞋, 在尘土飞扬的乡村小路或垃圾遍地的城市街道上行走时, 会变得很脏。由于没有石板铺的地面, 尘泥和污垢会很快渗入皮肤。

因此, 每户人家门口都有一盆水, 可以供人自行洗脚。在更有体面的家庭或是在宴会上, 这项杂乱、令人厌恶的工作常常落到最底层的奴仆身上, 尽管从来就不要求犹太仆人这么作。[52] 当一个拉比的门徒被要求为他们的主人提供服务时, 他们决不会想到给他洗脚。[53]

很可能是门徒们不得已而做的事, 经常洗他们自己的脚, 或者互相分担任务。然而, 洗脚是自愿的行为, 因此他们不这样做并不违反律法, 而仅仅是人们之间以微不足道的方式相互联络。[54]

为了理解为什么在逾越节正式晚餐之前会有这样的款待, 我们需要看看其他福音书中的描述。

4a. 阅读马可福音10:35-45。几天前发生了什么事, 引起了门徒之间的纷争?

   b. 阅读路加福音22:24。用餐时发生了什么事, 进一步损害了他们的关系? 这两件事情背后的问题是什么?

   c. 知道了人的本性, 晚餐上的情感基调是什么?

[52] F 帕尔默伯爵, *亲密的福音: 学习约翰福音* (德克萨斯州韦科: 词汇书, 1978) , 第116页。
[53] 威廉·巴克利, *约翰福音*, 第2版, 第2卷, 每日研习圣经系列 (费城: 威斯敏斯特出版社, 1975年) , 137。
[54] 帕尔默, 116。

5a. 描述一下这样的经历, 你固执地拒绝服侍别人, 但你知道这是你本应该做的。你感受怎样? 结果如何?

b. 洗门徒们的脚是耶稣所能给他们做的最谦卑的服侍。为基督徒伙伴或你所爱的人, 你能做的最谦卑的事是什么? 你在做吗? 为什么或者为什么不?

> "世上到处有这样的人, 当他们应该跪在他们兄弟的脚下的时候, 却站立在他们的尊严之上。"
>
> 威廉·巴克利 [55]

---

[55] 巴克利, 139。

当耶稣绕着餐桌为祂的朋友洗脚时,约翰把注意力投向彼得,彼得早已承认他相信耶稣是弥赛亚 (见路加福音9:20),他知道耶稣是谁。耶稣交托彼得,彼得成了群体的非正式领袖,而他作出的回应,正如我们许多人所做的那样,当其他门徒太羞怯或惊讶而不敢反对时,鲁莽的彼得掌管了局面,发挥了自己的领导作用和他自己对别人的优越感。

6a. 当彼得看着他的主,他的夫子,他的英雄,表现得像个仆人的时候,涌入他心头的可能是什么想法和感受?

b. 耶稣的行为会如何改变彼得对主基督的看法?以及他自己与基督的关系?

c. 你认为彼得的议论是出于骄傲还是出于谦卑 (第8节)?为什么?

d. 当一个你认为比你等级高很多的人为你服侍时,你有什么感受?

> *我们拒绝服侍或拒绝被服侍往往源于世俗的权柄观念。*

雷·斯特德曼认为,彼得之所以这么做是因为他完全误解了权柄的性质。

和我们一样，彼得从小就把权柄看作是一种等级结构。权柄属于顶端的人，其标志是人们为他服侍，为他做他想让他们做的事。权柄的标志是别人为你工作或在你手下工作，全天下都在这个基础上运作。你手下有多少人？有多少人为你工作？在商业、家庭、学校、体育、军事、政治生活中，随处可见，那是对权柄性质一成不变的看法。彼得很生气，因为主对他不予理会。在彼得看来，最顶端的人，真正有权柄的人，应该被服侍。但在这里，一个显然值得被服侍的人却在服侍别人。彼得对此很生气，也许是因为他希望有朝一日自己也能有某种程度的权柄，到那时他自己也被服侍。[56]

耶稣在第7节的回答简短明了，祂说，"你现在完全不知道我在做什么，但以后你会从你的经历里学到。"[57] 这简短的说明还不足以说服冲动的彼得，他的反应是强烈的。

7a. 彼得起初拒绝接受耶稣的爱心服侍。当有人拒绝接受你予以的爱心服侍，你有什么感受？

b. 在与耶稣交流之后，彼得学到了什么样的门徒功课？在什么情况下你需要学习这一课？

> "基督，谦卑自己，使卑微显得尊贵。"
> 马太·亨利 [58]

第9节和第10节中的对话具有双重含义。表面上，彼得知道他需要向主基督屈从，让耶稣服侍他。在更深层次上，耶稣教导我们每天需要从罪中得洁净。

---

[56] 雷 C. 斯特德曼，"仆人权柄"，(1985年)，2-3。
[57] 肯尼斯·塞缪尔·威斯特，*新约：扩展译本*。(密歇根州大急流城：艾德曼出版社，1961年)，247。
[58] 教会，编辑，1585年。

耶稣说，除了一个门徒以外，所有的门徒都是"洁净的"。换言之，除了犹大以外，所有人都承认耶稣是弥赛亚，并承认祂是主。耶稣"从开始"（见约翰福音6:64,70）就知道犹大会背叛祂，然而祂继续以祂一贯的礼节对待犹大，在这个逾越节的夜晚，祂弯腰给背叛祂的人洗脚。

8a. 你是否知道有人会背叛或伤害你（或者已经背叛了你），但无论如何还是选择为他们服侍？你为什么这么做？你从这次经历中学到什么？

> *因为我们知道我们的身分，我们的力量，我们的目标，我们可以自由地服侍，而不考虑结果。*

当耶稣洗完他们的脚，祂回到餐桌旁，提了个试探性的问题："你们明白我为你们做了什么吗？" 很显然，祂断定他们对祂的评估是正确的，祂就是夫子和主，然而，祂却愿意给予他们这种卑微但具有象征意义的服侍。

以前在第一次关于等级层次的争论中，祂就讲过这个道理：

> 你们知道，外邦人有君王为主治理他们，有大臣操权管束他们。 只是在你们中间不可这样，你们中间谁愿为大，就必做你们的用人； 谁愿为首，就必做你们的仆人。 正如人子来不是要受人的服侍，乃是要服侍人，并且要舍命做多人的赎价。

他们显然不明白这一点，所以祂给他们实例教训。但这从来不是新的教会条例，只不过是关于谦卑的实例教训，用来斥责信徒中经常表现出来的嫉妒、骄傲和纷争。

阅读加拉太书5:1-15

在这段经文，保罗提醒加拉太的信徒，他们在耶稣基督里是自由的。因为耶稣给了他们（和我们）自由，他们不再被要求通过遵守犹太礼仪的律法来寻求称义或成圣。在他们看来，这个问题似乎是割礼。捣乱者和假教师试图说服这些非犹太信徒相信，割礼是真正的信徒所必需的。保罗把这些信徒拉回真正的信仰，促使他们认识到他们彼此相爱互相服侍的自由。

9a. 把这段经文和约翰福音13:1-17作一些比较。把这些比较和你自己的生命联系起来。

b. 我们彼此服侍最常见的障碍是什么？

c. 不信的人看见我们彼此服事，不分等级，也不分职位，这将传达给他们什么信息？

d. 彼此服侍是怎样的天国宗旨？这将向世界传达什么，或者向你的世界小角落传达什么？

> "基督徒是所有人当中最自由的主人，不服从任何人；基督徒是所有人当中最尽职的仆人，服从所有人。"
>
> 马丁·路德

基督教信仰有许多是好像是违背常理的地方，例如我们因失而得，因死而生，因谦卑而崇高，因服侍他人而伟大。耶稣就是我们的榜样，"祂本有神的形象，不以自己与神同等为强夺的，反倒虚己，取了奴仆的形象，…就自己卑微，存心顺服以至于死，且死在十字架上。"（腓立比书2:6-8）。祂既服侍我们，我们也要彼此服侍。

背诵经文：加拉太书5:13

"弟兄们，你们蒙召是要得自由，只是不可将你们的自由当做放纵情欲的机会，总要用爱心互相服侍。"

彼此教导 互相劝诫

第 12 课

> "当用各样的智慧，把基督的道理丰丰富富地存在心里，用诗章、颂词、灵歌彼此教导，互相劝诫，心被恩感歌颂神。"
>
> 歌罗西书3:16

有什么比试图改变另一个人的信仰或行为更困难的呢? 似乎我们要么太强势而冒犯别人，要么说话太温和使我们表明不了我们的观点。那么实实在在的问题来了，我们怎么知道什么时候该教导别人，什么时候该劝诫别人? 我们又怎么知道我们是对的? 如果我们认为是对的，却只不过是个人的取向，那会怎么样呢? 会是什么结果呢? 即使面对严重的罪，我们大多数人也会缄默不语。

要彼此教导和互相劝诫，做起来是相当困难的，然而这对基督身体的成长来说，是必不可少的。他们需要这样的人，臣服于圣灵那安静而微弱的声音。正如我们所做的其他刻意之事，我们彼此教导劝诫的方式，以及我们接受教导劝诫的方式，都是向世人见证主耶稣基督，这就是天国的原则。

入门

1. 1.描述一下你遇到过的最好的教师,是什么品质使这个教师与众不同?

> "教师触及到永恒;他永远不知道自己的影响力在哪里止步。"
>
> 亨利·布鲁克斯·亚当斯 (1838-1918)
> 亨利·亚当斯的教育

阅读歌罗西书3:1-17

在歌罗西书第3章,保罗为圣洁的生命提供一些指导,祂教导这些尚未成熟的信徒全新的生活方式。歌罗西书3:14-17涉及到更广泛的教导,在这里,保罗教导他的读者如何交流知识,如何使彼此保持在正确的轨道上。

请注意,保罗在这里题到的话题有多少我们已学过。要记住,我们说过,这些行为过程是有顺序的,他们把其中一个建立在另一个之上。我们直接或间接涉及到的行为有哪些? 注意保罗如何将之编织在一起。

2 a. 第12节

b. 第13节

c. 第14节

d. 第15节

3a. 使用英语词典, 定义词语"教导 (teach)"和"劝诫 (admonish)"。

b. 两者有什么区别? 举个例子, 用同样的议题、行为、态度或罪, 来说明教导和劝诫之间的区别。

c. 你认为一个有成效的教师会用什么样的态度或语气? 什么样的态度或语气会消失?

有时我们会有冲动, 或是我们觉得是圣灵的鼓励, 要教导或劝诫另一个信徒, 但我们不知道是否应该这样做。歌罗西书3:14-17给出一些准则或测试, 来帮助我们作出决定。

4a. 第12-14节讨论了基督徒生命中几个重要的美德。什么是联络全德的? 为什么这种美德在我们彼此教导或劝诫时很重要?

b. 能帮助我们决定是否应该说话的第一个测试是什么？

> *任何教导或劝诫的愿望，都必须由完美的爱的纽带所激发，而爱将整个基督身体联结在一起。*

5a. 希腊语中的"做主 (rule)"一词在第15节是一个体育用词，意思是"裁判员"，或"解决争端的人。" 这个概念如何影响我们作出教导或劝诫的决定？

> "如果耶稣基督的平安是人心中的裁判，那么，当感情冲突时，当我们同一时间被拉向两个方向时，当基督徒的仁爱在我们心中与非基督徒的愤怒和烦恼冲突时，基督的圣灵会帮助我们在爱的道路上行走，教会乃是一个身子，这本来就该如此。正确的行为方式是确认耶稣基督为我们心中对立情绪之间的仲裁者；如果我们接受祂的决定，我们就不会出错。"
>
> 威廉·巴克莱[59]

---

[59] 巴克莱，190-191。

6a. 在第16节，"存在 (dwell)"一词意味着上帝的旨意无疑要在信徒身上"当家作主"。这是什么意思？

b. 为什么这标准在教导或劝诫中很重要？

c. 上帝的话语住在你心中之家吗？为什么？如果没有，你要怎么补救呢？

> "圣灵用我们所知道的上帝的道来与我们说话，引导我们的生命。祂能有效地和我们交谈，使我们在某种程度上明白祂的道，这就是祂使用的语言。"
>
> 肯尼思 S. 维斯特 [60]

一些翻译建议通过用诗章、颂词、灵歌来进行教导或劝诫。而其他则将此视为单独的从句。也许可测试一下，"这样的教导或劝诫，会否使双方都能以感恩的心歌颂上帝呢？"

在古代以色列和早期教会，颂歌和诗章经常被用作教导或传递上帝真理的手段。在教导中使用歌唱的一个原因，是放在音乐里的话语更容易记住。在一个很少人能读能写的社会里，这是有效的教导工具。虽然歌唱现在很少被用作交流的手段，但仍然是记忆上帝话语或重要概念的好方法。音乐，远不止是词语能触及人的内心深处，从而作出改变。目前的研究表明，当音乐进入我们的大脑时，会触发愉悦中心，"释放多巴胺，一种让你感到快乐的神经递质。这种反应如此之快，大脑甚至可以在熟悉的音乐中预见到最愉快的高峰，并用早期多巴

---

[60] 威斯特, 226-226。

胺分泌高峰来激发自己。"[61] 加州大学旧金山分校耳鼻喉科教授查尔斯·利姆博士说，"（音乐）能让你用你过去不曾思考的方式思考……"[62]

7. 在第17节给了最后的测试。这是什么并且为什么这么重要？

> *如果我把每一句话和每一件事都带到耶稣基督面前去测试，我就不会犯错。*

8. 这个段落并没有直接谈论教导和劝诫的接受者。鉴于我们在过去十二个星期所学到的，就接受者而言，什么态度才能有助于基督身体的合而为一？

---

[61] 阿什福德大学教职员工，"音乐如何影响你的大脑？" 阿什福德大学 https://www.ashford.edu/on-line-degrees/student-lifestyle/how-does-music-affect-your-brain . Profiles.UCSF.edu/Charles（访问日期: 2020 04 01）。简介.UCSF.edu/Charles Limb （访问2020 08 01）。
[62] 伊丽莎白兰道，"音乐: 在你的头脑里，改变你的大脑，" https://www.cnn.com/2012/05/26/health/ mental-health/music-brain-science（（访问日期: 2020 04 01）。

阅读罗马书14:1-15:14

在这段经文, 保罗论述了基督徒最喜欢的做法就是论断和试图改变彼此。这是很长的段落, 因为涉及相当大的问题。本节总结保罗在第12章开始的关于爱的论述, 指出爱的本质是服侍。在第十三章, 保罗教导我们, 爱必须是顺服和普世的, 我们对每个人都有爱。在第14章和第15章, 他在结尾中教导说, 爱务必恒久忍耐, 并且宽容他人。

9a. 在罗马书第14章, 保罗分离出引起一世纪罗马教会分裂的两个问题。这些指的是什么?

　　1.

　　2.

　b. 这些议题对今天大多数基督徒来说似乎毫无意义。我们会纳闷, 他们怎么会造成这样的分裂, 但罗马人或许会质疑今天的问题。今天美国基督教会有哪些问题导致分裂?

保罗在本节开头说, "信心软弱的, 你们要接纳。" 他这样说, 不仅是指 "信心软弱", 也是指信心尚未成熟的。他假设信心有不同程度的增长, 有些增长将处于软弱的一端。他还认为这将引起教会内部的争议。他的吩咐, 一般是针对较成熟的信徒, 作出三个基本诫命:

1. 停止彼此的任意论断 (第4、10、14节) 。
2. 尽一切努力去做能带来和睦融洽、互相教诲 (第19节) 和合而为一 (第15:5节) 的事。
3. 刚强者不但对软弱者的过失要耐心, 还要设法让他成长 (罗马书15:1-3) 。

虽然保罗强烈呼吁信徒之间的宽容，但他并没有建议教会该接受任何一丁点离经叛道的信仰。相反，他是说教会应该在中心问题上力争合一，但在其他问题上允许多样性。但他也通过运用爱的标准来鼓励软弱基督徒的成长。爱需要基督徒彼此的参与，使得信、望、爱的互相建立是可以发生的。保罗强调，如果爱的标准要表达出来，就必须有鉴别力并努力做出来。爱，必须对兄弟姐妹有足够的关心，分清缺乏和需要的区别，并且必须有足够的爱心去承担风险。但爱的回报是可以分享另一个人的自由之旅。[63]

在罗马书15:1-2中，保罗鼓励刚强者对软弱者的过失要耐心，使他的邻舍满意，使他强壮。在罗马书15:5中，保罗为罗马教会灵的合一而祷告，在15:7中，他告诉他们要彼此接纳。然后在第14节，他指出，可能确实需要纠正，指导，劝诫。

10a. 你认为他的信息是什么？我们如何调和这两种观点？

b. 在我们有能力劝诫或辅导他人之前，需要具备哪些品质？ 这是什么意思？一般信徒如何获得这些品质？

11a. 基于这个讨论，指导和劝诫是否仅限于神职人员？他们是否局限于长老、成熟的基督徒，过去总是由他们来指导或警告刚信主的，为什么？为什么不？

---

[63] F.帕尔默伯爵，*由乎意料的救赎：罗马书研究*（韦科，德克萨斯州：文字书，1975），170。

b. 举一个例子, 说明一个不太成熟的基督徒何时可以教导或劝诫一个更成熟的信徒。

> "这非同凡响的真理是对牧师们所承受的巨大压力的回应, 牧师们被期望解决他们会众的所有问题, 并为每个人提供第一手的辅导, 但这从来不是上帝的旨意。上帝的计划是让全体会众都参与到辅导工作中来, 全会众都要知道邻舍、朋友、弟兄姐妹发生了什么事, 并要藉著他们的属灵恩赐做点什么, 解决他们的问题。"
>
> 雷 C. 斯特德曼[64]

12. 为什么在我们试图劝诫或辅导之前, 必须能够不加论断地接受对方?

在两种情况下, 我们必须彼此劝诫。其中包括:

1. 一个人犯罪违反圣经的明确的诫命时, 例如, 淫乱、通奸、醉酒、长舌、贪婪或暴怒等等, 这里仅举几个例子。我们在这些和许多其他生命问题上有明确的圣经的诫命, 因此我们有责任以爱心加以责备, 并且设法和这个人恢复到伙伴关系。(进一步的讨论, 请参阅马太福音18:15-17和加拉太书6:1-5。) 这不是彼此论断, 因为神的话已经断定了对错。

2. 一个人在教义的中心点上犯错误时, 就是在定义基督教信仰的那些事情上, 这些包括但不限于: 1) 耶稣基督的位格和工作, 包括祂的神性和主权, 2) 单单因信耶稣基督而称义, 3) 圣经的权威和无误。

---

[64] 雷 C. 斯特德曼, *从罪责到荣耀*, 第2卷, 第2节: 发现圣经学习本 (德克萨斯州韦科: 文字书, 1978年) , 170-171。

这样做的目的是要恢复人与耶稣基督的正确关系。当一个人活在罪中或活在教义的错误之中，他就无法经历基督徒生命的充实。

13a. 有了这样的理解，你什么时候不会劝诫信主伙伴呢？另一种选择是什么？

b. 我们愿意接纳而不彼此论断，这如何让世人相信耶稣爱他们？我们彼此教导和劝诫的意愿如何向世人表明耶稣是谁？为什么同等重视很重要？

c. 这些天国的原则是什么？

d. 根据本课你需要采取什么行动？如果是这样，请祈祷和鼓励。

> 通过教导或劝诫来纠正错误从来都不是一件容易的事。然而，这种爱的方式对于基督身体内合而为一的目标是必不可少的。

彼此教导和互相劝诫是基督徒身体成熟的必要条件。他们表现出的意愿就是要彰显圣灵的严厉的爱，他们比我们大多数人之间的相互交往需要更高的标准。然而，如果没有那些教导和劝诫的人，基督身体将仍然软弱。没有那些愿意冒着名声风险去纠正另一个错误的人，合一就毫无意义。当基督徒群体开始以"成熟"的方式彼此相待时，世人将真正知道耶稣基督不是另一位教师或伟人。

背诵经文：歌罗西书3:16

"当用各样的智慧，把基督的道理丰丰富富地存在心里，用诗章、颂词、灵歌彼此教导，互相劝诫，心被恩感歌颂神。"

让世人都知道

第 13 课

这一节课可以随意选择，但会把你的小组带到新的起点，就可以考虑结业了。希望你们在过去的12个星期里关系上变得更加亲密。有了对基督身体和天国的新层次理解，你将如何将之带入到你的日常生活和教会生活中去呢？

> "我在他们里面，你在我里面，使他们完完全全 合而为一，叫世人知道你差了我来，也知道你爱们如同爱我一样。"
>
> 约翰福音17:23

1a. 回想过去的12个星期，你学到的最深刻或最有意义的教训是什么？

b. 自从你学习本课以来, 你如何使之行而有效?

2a. 你是否看到, 在基督的身体里你对他人的态度或行为在某些方面发生了改变, 因而让"世人"知道耶稣爱他们?

b. 举一个例子, 你和他人之间的彼此经历, 使得慕道友开始认识到上帝的天国, 结果如何?

3a. 考虑到约翰福音17章耶稣的合而为一的标准和我们所学的实际应用, 你认为哪一个仍然是你最困难的? 为什么?

b. 你的小组成员或其他基督徒如何帮助你继续应用这门课？

> *的确，藉着我们彼此之间的爱和关怀，世人将知道我们是基督徒。*

一起度过剩下的时间，专门为彼此的需要祈祷，也许可以谈谈你的小组将从这里走向何方。

谢谢你和我一起踏上这段旅程。我祈祷，因着你所学到的，你已经接受了挑战，并且已经顺服、生命被改变。

参考书目

Ashford University staff, "How Does Music Affect Your Brain?," Ashford University https://www.ashford.edu/online-degrees/student-lifestyle/how-does-music-affect-your-brain (accessed 2020_04_01).

Barclay, William. *The Letters to the Philippians, Colossians, and Thessalonians.* 2d ed. The Daily Study Bible Series. Philadelphia,: Westminster Press, 1959.

_____. *The Letters of James and Peter.* 2d ed. The Daily Study Bible Series. Philadelphia,: Westminster Press, 1961.

_____. *The Gospel of John.* 2 vols. 2d ed. The Daily Study Bible Series. Philadelphia,: Westminster Press, 1975.

_____. *William Barclay's Daily Bible Study Bible* Rev. ed. The Daily study Bible series -- Rev ed, 1976. https://www.studylight.org/commentaries/dsb.html (accessed 2020_06_24).

Barger, Eric, "Seeker Sensitive Church Model "Produces Numbers but Not Disciples" Says Willow Creek Pastor," Eric Barger's Take a Stand https://www.ericbarger.com/seeker.1.htm (accessed 2020_07_03).

Bonhoeffer, Dietrich, and John W. Doberstein. *Life Together.* 1st HarperCollins gift ed. San Francisco: HarperSanFrancisco, 1993.

Church, Leslie F., Ph.D., F.R.Hist.S., ed. *Commentary on the Whole Bible by Matthew Henry.* Grand Rapids, Mich: Zondervan, 1961.

de Montaigne, Michel E., https://www.bartleby.com/348/authors/378.html (accessed 2020_06_24).

Deabler, Alexandra "Taco Bell Customer Who Was Treating Homeless Group to Meals Says She Was Kicked out of Restaurant," Fox News https://www.foxnews.com/food-drink/taco-bell-customer-kicked-out-homeless (accessed 2019_09_16).

Farrar, Jeffrey. "Getting Your Gifts in Gear." Central Peninsula Church, Janury 14,1985.

Fleming H. Revell Company. *The Revell Bible Dictionary.* Deluxe color ed. Old Tappan, N.J.: Fleming H. Revell Co., 1990.

Hansel, Tim. *You Gotta Keep Dancin'.* Elgin, Ill.: D.C. Cook Pub. Co., 1985.

Hawkins, Greg L., Cally Parkinson. *Reveal Where You Are.* 1ˢᵗ ed.: Willow Creek Association;, 2007.

Kittel, Gerhard, Gerhard Friedrich, and Geoffrey William Bromiley. *Theological Dictionary of the New Testament.* Grand Rapids, Mich.: W.B. Eerdmans, 1985.

Landau, Elizabeth "Music: It's in Your Head, Changing Your Brain," https://www.cnn.com/2012/05/26/health/mental-health/music-brain-science (accessed 2020_04_01).

Laurie, Greg, "Talking 'Bout My Generation," Harvest, 2015_10_24 (accessed 2019_09_16).

Martin, William C. *These Were God's People; a Bible History: The Story of Israel and Early Christianity, Based on the Holy Scriptures, Ancient Historical and Religious Documents, and the Findings of Archaeology.* Nashville,: Southwestern Co., 1966.

Mayhue, Richard. "Does God Still Heal?" *Moody Monthly*, March 1989.

Murray, Andrew. *Absolute Surrender.* Sprigdale, PA: Whitaker House, 1981.

Nee, Watchman. *Sit, Walk, Stand.* 4ᵗʰ and rev. ed. Fort Washington, PA: Christian Literature Crusade, 1973.

Nesbitt, William. "Is the Church Really—I Mean Literally—the Body of Christ?" *Light and Life*, January-February 2003 2003.

Palmer, Earl F. *Salvation by Surprise : Studies in the Book of Romans.* Waco, Tex.: Word Books, 1975.

_____. *The Intimate Gospel : Studies in John.* Waco, Tex.: Word Books, 1978.

Ridderbos, Herman N. *The Epistle of Paul to the Churches of Galatia* The New International Commentary on the New Testament. Grand Rapids,: W.B. Eerdmans Pub. Co., 1953.

Sanford, Agnes Mary White. *The Healing Light.* New ed. St. Paul: Macalester Park Pub. Co., 1947.

Sikora, Pat J. *Small Group Bible Studies : How to Lead Them.* Cincinnati, Ohio: Standard Pub., 1991.

_____. *Why Didn't You Warn Me? How to Deal with Challenging Group Members.* Cincinnati, OH: Standard Publishing, 2007.

Stedman, Ray C. *From Guilt to Glory*. 2 vols. V 2: A Discovery Bible Study Book. Waco, Tex.: Word Books, 1978.

_____. "Servant Authority." 1985.

_____. The Ministry of the Saints: The Contemporary Christ (Ephesians 4:11-12).

Sweeten, Gary. *Breaking Free from the Past*. Cincinnati, Ohio: Christian Information Committee, 1980.

Thayer, Joseph Henry, D.D. *Thayer's Greek-English Lexicon of the New Testament*: Formatted and Hypertexted by Oaktree Software, Inc.

Treat, Jeremy R. *Seek First : How the Kingdom of God Changes Everything*. Grand Rapids, Michigan: Zondervan, 2019.

Vanderet, Gary. ""The Skill of Living Prayerfully," Sermon on James 5:13-20 Delivered March 22, 1987." Palo Alto, CA: Peninsula Bible Church, 1987.

Vine, W. E. *An Expository Dictionary of New Testament Words : With Their Precise Meanings for English Readers*. Old Tappan, New Jersey: Fleming H. Revell Company, 1966.

Welch, Reuben. *We Really Do Need Each Other*. Nashville,: Impact Books, 1973.

Wiersbe, Warren W. *Be Free : An Expository Study of Galatians* An Input Book. Wheaton, Ill.: Victor Books, 1975.

Wuest, Kenneth S. *Wuest's Word Studies from the Greek New Testament for the English Reader*. Vol. One. Grand Rapids, MI: W.B. Eerdmans Pub. Co., 1986.

Wuest, Kenneth Samuel. *The New Testament : An Expanded Translation*. Grand Rapids, Mich: Eerdmans., 1961.